Lotus

Grape

Lily

Palm

Cornucopia

Pomegranate

Paisley

PLANTS ——歴史と文化を彩ってきた植物モティーフ——

PALMETTE

ACANTHUS

PAPYRUS

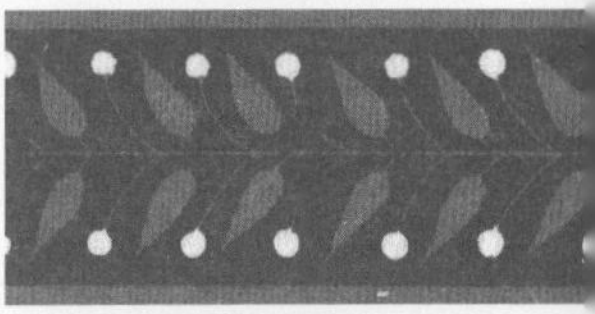

LAUREL

ROSETTE

PINECORN

THE SACRED TREE

すぐわかる ヨーロッパの装飾文様

美と象徴の世界を旅する

鶴岡真弓【編著】

東京美術

文様と象徴の世界
——ヨーロッパの装飾美術五千年を旅する

この本で私たちは、先史・古代から近現代まで、およそ五千年以上にわたる装飾の世界を訪ねます。それはヨーロッパ伝統の「文様」（オーナメント）と「象徴」（シンボル）に彩られた美の世界です。

エジプトの神殿建築に輝く「ロータス（蓮《はす》）」。現代のTシャツにもデザインされているケルトの「渦巻《うずまき》」。ビザンティン・モザイクの「葡萄唐草《ぶどうからくさ》」。ルネサンスの「グロテスク」。バロックのうねる縁取《ふちど》り「カルトゥーシュ」や、ロココの「ロカイユ」。そして「新古典主義」、「アール・ヌーヴォー」から「アール・デコ」まで、数千年の時を超えて生き続けてきた、装飾美術の華である文様と象徴の図様を、時代の様式に沿って見ていきます。

愛らしい動植物や地中から生まれる鉱物などの「自然物」、大空に輝く太陽や月や星などの「天象」、あるいは人間の想像力が生み出した「架空の生き物」や、自然にヒントを得て創り出した「人工物」や「抽象」に至るまで、じつに多種多様なオーナメントとシンボルの世界が、私たちを待っています。

本書の特色はそれらをカタログのように収めるだけでなく、生み出した人間たちの「思い」を浮き彫りにしながら、ひとつひとつ作例を訪ねてゆくところにあります。詩や歌が生まれるには、初めにそれを詠む人の心があったように、装飾デザインの主役である「文様」や「象徴」にも、それを作り愛好した人々の思いが込められています。そのひとつひとつの色と形の細部に、思索の跡と想像力の飛翔が、映し出されているのです。

つまり「文様」は人間の感覚に訴えるだけでなく、それを生み出した人々の世界観が照り映えている芸術です。例えば誕生や死や再生といった生命にまつわる切実な願いがこれに込められ、「文様」はそれによって何かを「象徴」しもする、多様な意味の宝石箱であったのです。

そうした文様や象徴を主人公とする、装飾の美術は、どのように育まれ、ヨーロッパの人々のくらしと文化を彩ってきたのか、さっそく次の五つのキーワードで解説し、本編への扉といたします。

さあ、ご一緒に、ヨーロッパの装飾の世界へ出発しましょう。

鶴岡真弓

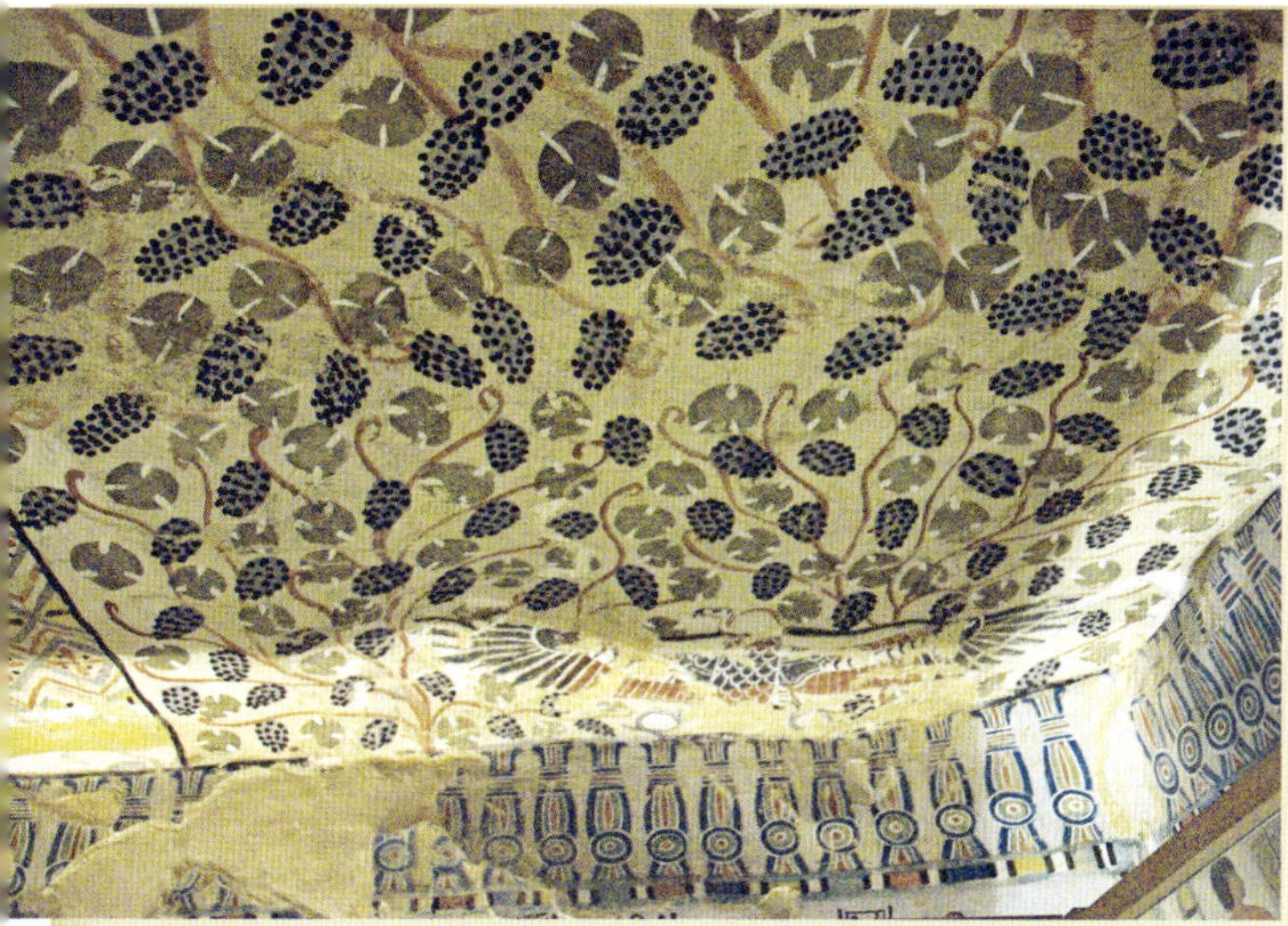

◆ブドウ

古代エジプト（第18王朝）のテーベ市長・センネフェルの墓の天井に敷き詰められた、モザイク装飾のブドウ棚。［64頁参照］

キーポイント 1

自然の美しさと生命への共感

自然が作り上げた形や色や輝きは、深い美しさをたたえて私たちのまわりに輪舞しています。人は、それらに触れることで心を癒され、生きる希望をも与えられてきました。と同時に、自然は、「生と死の意味」や「世界の謎」を実感させる、「心を映し出す鏡」として目の前にある――。そのことにいにしえの人たちは気づきました。そしてある時から人は、これら自然の輝きや躍動を、享受するだけでなく、それが示す深いメッセージを、人の手によって再創造することに大きな一歩を踏み出したのでした。多くの文様表現の根底には、そうした自然に対する賛美や驚嘆の思いが流れています。

◆パピルス

古代エジプト文明を象徴する主要な装飾モティーフのひとつ、パピルスの陶製タイル。
［19頁参照］

◆パルメット

オリュンポスの神々とギガンテス（巨人族）との戦いを描いた古代ギリシアのクラテル。その上下をパルメット文が縁取る。

前5世紀　フェラーラ国立考古学博物館　イタリア

豊穣

◆ブドウ
キリストや使徒たちとおぼしき人々を、多産を象徴するブドウ蔓が取り囲む《アンティオキアの聖杯》。
6世紀前半 メトロポリタン美術館 アメリカ

超越した力

◆聖眼
「ウジャトの眼」を施したシェションク2世のブレスレット。全てを見通す神の力を表すとされた。［140頁参照］

平和・愛

◆鳩
ギリシア・ローマ神話で、平和または愛の象徴とされた鳩は、美と愛の女神アフロディテ（ヴィーナス）とともに表された。［71頁参照］

キーポイント2

意味や象徴性に込めた願い

祈りや願いをもって、生命を飾る営み。こうした表現のジャンルを私たちは「装飾の美術（デコラティヴ・アート）」と呼ぶことができます。

装飾美術の世界は、漫然と眺めているかぎりでは、一見混沌として見えます。しかし、そこに表されている動植物やオブジェは、個性的な最小単位の形を持っており、それが「文様」です。

文様として表された花や鳥や太陽や月は、「感性的にとらえられる美」であると同時に、ひとつひとつの文化集団にとって重要な意味を担う「象徴（シンボル）」としても共有され成長していきました。社会的には、特定の王侯の血統を示す「しるし」である、紋章の役割も果たしてきたのです。

権力

♦ライオン

古来権力の象徴として王族が好んだ。12 世紀のシチリア王・ルッジェーロ 2 世のマントにもその刺繍が見られる。［70 頁参照］

血統

♦紋章

フィレンツェの紋章に描かれた「フルール・ド・リス（ユリの花）」。フランスはじめ多くの国でモティーフに用いられた。［88 頁参照］

♦ユニコーン

《貴婦人と一角獣》のタピスリー連作の一枚「味覚」。処女の前で従順になるユニコーンは、純潔の象徴とされた。
［94 頁参照］

純潔

シンボルとしての「動物」はしばしば「空想的・幻想的」な姿で表現されました。超越的な力や神秘を表し、権力者や高位にある者の存在をイメージの側から支えたのです。人間の威力が動物によって保障されるという逆説が見え隠れします。

キーポイント 3

無限の連続性と反復のリズム

「文様」の「文」は「あや」を意味します。緻密な文《あや》は自然界の複雑な生命の組織を映し出しています。その文はレオナルド・ダ・ヴィンチの精巧な解剖図のように私たちの人体にもあります。大自然の「マクロコスモス」、人体の「ミクロコスモス」。この大宇宙と小宇宙の生命が無限に増殖することを願って、文様は反復のリズムを刻んできました。

◆組紐文様
『リンディスファーンの福音書』の頁一面を隙間なく埋め尽くす、組紐のミクロコスモス。随所に鳥のデザインが見え隠れする。
［55頁参照］

ここに見る初期中世のケルト系修道院の工房から生まれた彩飾写本は、古代のケルトやユーロ＝アジア世界を行き交った生命的な文様に満ちています。中央の十字架を侵食するかのようにうごめく動物組紐文様(58頁)の連続に装飾の力がみなぎっています。

キーポイント 4

オリエント世界との融合

「エキゾティック」な装飾文様への注目は、ヨーロッパ・キリスト教社会の十字軍遠征から始まりました。宗教的には対立したイスラームのアラベスク文様や、中国の庭表現などが、王侯貴族から市民までの心と眼をとりこにしてきたのです。

シノワズリー

釣りや音楽を楽しむ中国の人々をモティーフに描いた扇。

1760～70年　ヴィクトリア・アンド・アルバート博物館　イギリス

ジャポニスム

日本の浮世絵に想を得て作られた《日月花鳥文栓付瓶》。

19世紀末 サントリー美術館
東京都

アラベスク

《トレドのエレオノーラと息子ジョヴァンニ》。
多産と豊穣を象徴するザクロが腹部を飾り、
ドレス全体をアラベスク文様が包む。［111頁参照］

キーポイント5

時代・様式の変遷

先史・古代に生まれた文様も、さまざまなヴァリエーションを形作り生き続けてきました。古典的「アカンサス」や、北方ケルトの「渦巻」文様は、リヴァイヴァルを繰り返して今日に至っています。

アカンサスに見る表現の変化

古代

パンテオン（ローマ）のコリント式柱頭を飾るアカンサス。［31頁参照］

中世

写本の頭文字を装飾するアカンサス。
850～855年頃　パリ国立図書館　フランス

近代Ⅰ

アカンサスと混交したギリシア神話の架空の生き物ハルピュイア。
1528年　ヴィクトリア・アンド・アルバート博物館　イギリス

近代Ⅱ

近代デザインの父モリスによる壁紙《アカンサス》。
1875年頃　ヴィクトリア・アンド・アルバート博物館　イギリス

中世のケルト系写本『ケルズの書』に無数に描かれた渦巻文様（右）と現代の座布団に刺繍された「トリスケル（三つ巴状のケルト文様）」。［56～57頁参照］

復興
（リヴァイヴァル）

ケルトの渦巻文様は「三つ巴」が特徴的で、その形は「生と死と再生」を示唆しています。現代ではアイルランドやスコットランドやブルターニュの音楽ジャケットからTシャツにまで表され、広く愛好されています。

本書の特徴と楽しみ方

私たちはこれから、文様と象徴を、その「起源」と「歴史的展開」の両面から読み解いていきます。

本書に登場する文様や象徴は、古代・中世・近代Ⅰ・近代Ⅱという、大きく四つの時代区分で分けられており、地域と時代にどのような代表的文様があったのかがひと目でわかるように編まれています。

さらにそれぞれの項では、その「発生」と、多様な「展開」を読み解いていきます。神話（ミソロジー）、歴史（ヒストリー）、復興（リヴァイヴァル）という観点から光を当て、現在（コンテンポラリー）にどのように活用されているかも示すように努めました。

また各章には特集ページをもうけ、そこでは、ヨーロッパとオリエント、すなわち洋の東西を行き交った文様や象徴の交流（ダイナミズム）を示しています。ヨーロッパの装飾美術の歴史と現在を語るのに欠かせないオリエンタリズム、ジャポニスム、シノワズリーなどの背景が、浮かび上がります。

こうして私たちは、文様という装飾的デザインが、たんなる形のヴァリエーションではなく、人間の自然観・死生観・世界観を、これ以上なく簡潔に表した芸術であり、豊穣なシンボリズムの世界を構築してきたことを改めて発見するでしょう。本書を手がかりとして「ヨーロッパの装飾文化」を理解するばかりか、ヨーロッパが私たち「東洋の装飾文化」をどのように理解し愛好してきたのかも知ることとなるでしょう。

本書の楽しみ方は、皆さんの探求の心によって、豊かに広がっていきます。科学が発展しても、この地球上にはまだまだたくさんの謎があり、宇宙は無辺です。数千年の時間を超えて、古代から私たちに手渡されてきた装飾（文様と象徴）を、世界の謎を読み解く神秘のしるしとして、眺め、解釈し、味わう楽しみが、ここに広がっています。そのような思いまでを込めて、本書は編まれました。

ヨーロッパの装飾美術のなかで綺羅星《きらぼし》のように数限りなく輝く文様や象徴は、私たちが過去の人々の思いに出会い、異文化を理解するための、最も重要な鍵であり、美への旅の最高のパスポートなのです。

目次

第4章 近代II

ヨーロッパとオリエントを行き交った文様

Topic〈トピック〉

●各文様の時代と様式区分については、その文様が最も盛行したと思われる時代および様式を主に示している。必ずしも表記の時代／様式を限定するものではなく、また、一部、成立時期を重視したものもある。なお、一般にヨーロッパ史で「近代」と呼ばれる時代は15世紀から20世紀までの長期にわたるため、「近代I」「近代II」と表記し、2つの章に分けて構成した。
●各項目の見出し＝文様名は、モティーフの名称である。一部「文様（または文）」という言葉を付した項目もある。また「文様」を反復したデザインを文中で「模様」とも称した。
●各作品の情報は以下の順に記した。作家・作品名・（出土地）・制作時期・所蔵先・所蔵先の所在地（国名、日本の場合は都道府県名）。ヨーロッパおよびアラビアの装飾と文様を著した代表的著作『アラビアの装飾芸術』（P.ダヴェンヌ）、『装飾の文法』（O.ジョーンズ）、『装飾のハンドブック』（F.マイヤー）、『世界装飾図集成』（A.ラシネ）、『装飾の歴史』（A.シュペルツ）からの図版については、書名を末尾に示した。また、本書で新たに描きおこしたイラストについては、作品名のあとに◆印を付した。文様のイメージを伝えるため、色彩等はアレンジしたものもある。

第1章 古代

紀元前3000年～紀元4世紀

ヨーロッパの装飾・象徴の源

ヨーロッパで愛好されてきた「古代」の文様や象徴は、およそ二つに分けることができます。ひとつめはヨーロッパ人が彼らのデザインの源とした①「エジプト」や「メソポタミア」などのいわゆる「オリエントの文様」。二つめはそれらに多くを学んだ地中海文明たる②「ギリシア・ローマ」の「古典の文様」。

メソポタミアやエジプトでは、神聖な動植物が神殿や王墓を飾りました。西アジア一帯で聖樹とされた「ナツメヤシ」の葉「パルメット」や、ナイル川の泥のなかから太陽に向かい開花する「ロータス（睡蓮）」は植物文様の代表格です。神話上の動物「グリフィン」や「スフィンクス」も強さや神秘の象徴。ギリシア・ローマではそれらに依拠しつつ、「アカンサス」や「メアンダー」など重要な装飾を発展させました。

メソポタミア・エジプト

乾燥地帯に豊穣をもたらす植物(シュロ、パルメット、パピルス)、権力や神秘性を象徴する空想獣(グリフィン、スフィンクス)の世界。

エウフロニオス《アンタイオスのクラテル》のパルメット♦ ギリシア出土
前515～前510年頃
ルーヴル美術館 フランス
(29頁)

金製胸飾りのグリフィン
前4世紀頃
ウクライナ国立歴史博物館
(18頁)

アメンホテプ3世のスフィンクス
エジプト出土 第18王朝
前14世紀 メトロポリタン美術館 アメリカ
(24頁)

BC3000 … メソポタミア・エジプト … BC900 … ギリシア・ローマ … AD300

ギリシア・ローマ

ヨーロッパで最も長く用いられてきた植物文様「アカンサス」をはじめ、実りの豊かさや生命を象徴する植物、神話に登場する動物や伝説の生き物などが意匠化された。

アカンサスの帯状装飾の断片
１世紀　カピトリーノ神殿
イタリア　O・ジョーンズ『装飾の文法』（30 頁）

ゴルゴネイオン　イタリア出土
前 500 年頃　ヴィッラ・ジュリア国立博物館
イタリア　（37 頁）

天井モザイクのメアンダー文◆
5 世紀　ガッラ・プラキディア廟堂
イタリア　（35 頁）

魚釣りをするプットー
《ネプトゥヌスとアンフィトリテの凱旋》のモザイク画より　イタリア出土
4 世紀前半　ルーヴル美術館　フランス
（50 頁）

Palm

第1章 古代

シュロ

メソポタミア

◆古代オリエントの諸地域において、実と幹の有用性から聖樹として尊ばれた。
◆古代メソポタミアでは葉の形が太陽の光に喩えられ、王族の栄光や不死を象徴。
◆古代ローマやキリスト教世界では、勝利の象徴とされた。

▶シュロの柱頭装飾
前237～前57年
エドフ神殿　エジプト

王族の威光を示す聖なる植物

シュロは、古代オリエントの諸地域において、甘い果実が貴重な食物とされ、幹は建築の資材として用いられてきた。また常緑で乾燥気候にも耐えることから、「生命《せいめい》の樹」「聖なる樹木」として尊ばれた。

シュロの文様は、人の指状に深く裂けた形をしており、縦長の葉柄《ようへい》から櫛《くし》状に細長く葉が伸びたように表されるのが一般的である。また、太陽から放たれる光の筋のように見えることから、古代メソポタミアでは栄光や不死を象徴し、浮彫《うきぼり》壁画に表された王族のかたわらに、太い幹に先端が丸みを帯びた葉を広げた形で表された。アッシリア（16頁）やエジプトの柱頭装飾にも同様の形状が見られる。

細くまっすぐに伸びた葉は勝者のしるし

古代ローマ帝国では、シュロは競技などの勝者に与えられた勝利の象徴であっ

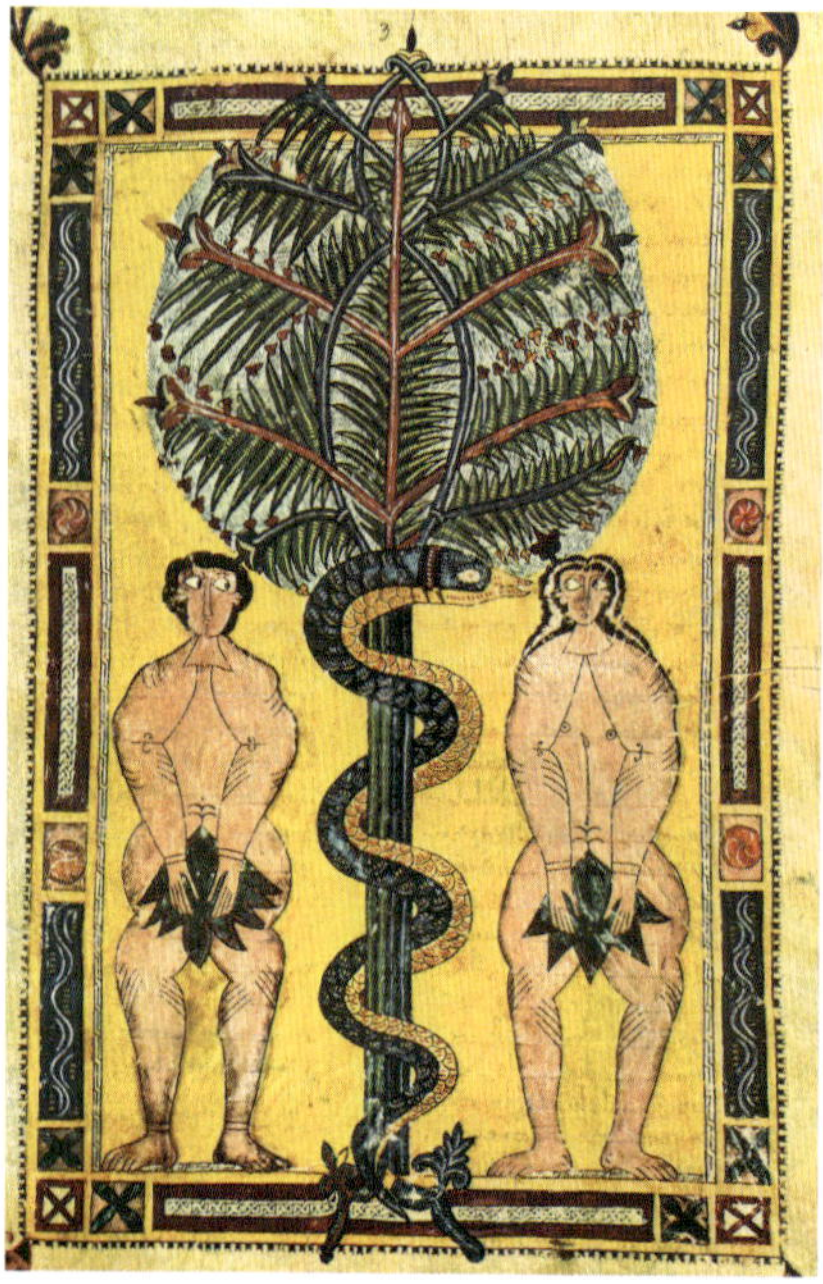

◀鋭い刃のような葉が迫力

知恵の木の実を食べて裸であることを知ったアダムとイヴ。鋭い刃のような葉を持つシュロの木にイヴを誘惑した蛇が巻きついている。

アダムとイヴ『エスコリアル・ベアトゥス写本』より　10世紀
エル・エスコリアル図書館
スペイン

▲シュロの柱頭装飾◆
1130年頃
サント・マドレーヌ大聖堂
フランス

◀（左）型染更紗　1814年頃　ヴィクトリア・アンド・アルバート博物館　イギリス

◀シュロの柱装飾◆　1823年　ロイヤル・パヴィリオン／南応接室　イギリス

▲A・バルドヴィネッティ《貴婦人の肖像》1426～99年頃　ロンドン・ナショナル・ギャラリー　イギリス

た。キリスト教世界でも死に対する勝利として、しばしば殉教者とともに描かれた。聖母マリアの象徴ともされ、死の床につく聖母を描いた絵画では、シュロの葉を持つ聖ヨハネの姿が見られる。

十九世紀初頭になると、シュロはオリエントをイメージさせるモティーフとして室内装飾に用いられた。型染更紗《かたぞめさらさ》や壁紙のパターン、柱などのフォルムにシュロが多用され、咲き乱れる花や葉のパターンとともに異国風の装飾として愛好された。

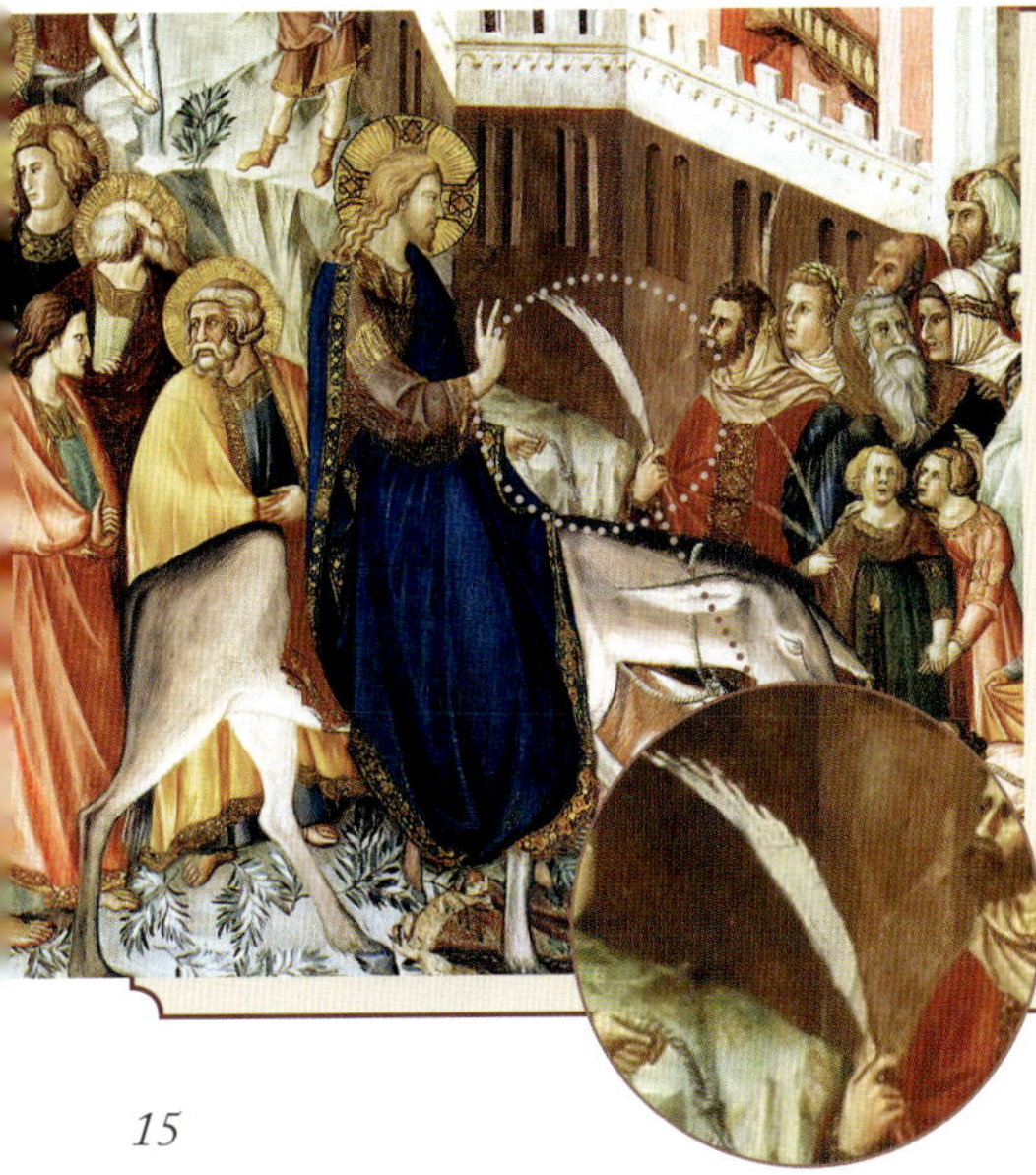

キリストを祝福する聖樹

キリストがエルサレムに入城したとき、人々はシュロの枝葉や自分の服などを道に敷いてキリストを歓迎したという。上に向かって細くまっすぐに伸びたシュロの葉の姿は、キリストの栄光を称えるモティーフとして好まれた。

シュロの枝を持ってキリストを迎える人々
P・ロレンツェッティ《エルサレム入城》（部分）1320年頃
サン・フランチェスコ大聖堂　イタリア

Rosette

◆3枚から16枚の花弁を放射状に並べた、アッシリア発祥の花文様。
◆エジプト、ギリシア、ローマに伝わり、キリスト教美術にも多用された。

▶天井モザイク画のロゼット
5世紀 ガッラ・プラキディア廟堂
イタリア

ロゼット

メソポタミア

アッシリアの女神イナンナを象徴した花文様

ロゼットは、開花した花を真上から見たように、円の中心から放射状に花弁を配した文様である。単純で明快な形状だが、簡潔で美しい。ロータス（22頁）をもとにしたという説が有力であるが、形状から花弁の多い菊のような花もイメージされている。

この文様は、古代に北メソポタミア平原を占めたアッシリアで生まれた。アッシリアは、紀元前三千年紀にさかのぼる古い前史を持ち、紀元前八世紀頃までには軍事国家として強大化し、最盛期に現在の中東中央域のほぼ全域を支配した。ロゼットは、この地域で愛と戦の女神として崇敬されたイナンナ神を象徴する文様であった。古王国時代（前二六八六頃～前二一八五年前後）のエジプトでも彫像の王冠に刻まれている。

キリスト教美術で好まれたモティーフ

ロゼットは、アッシリアからエジプト、ギリシア、ローマに広まり、建築や陶器などに用いられた。初期キリスト教時代の石棺にも、十字架（80頁）やキリストを表すモノグラム（78頁）とともに彫刻され、ロゼットの文様の形状から「太陽」を象徴したことがうかがえる。

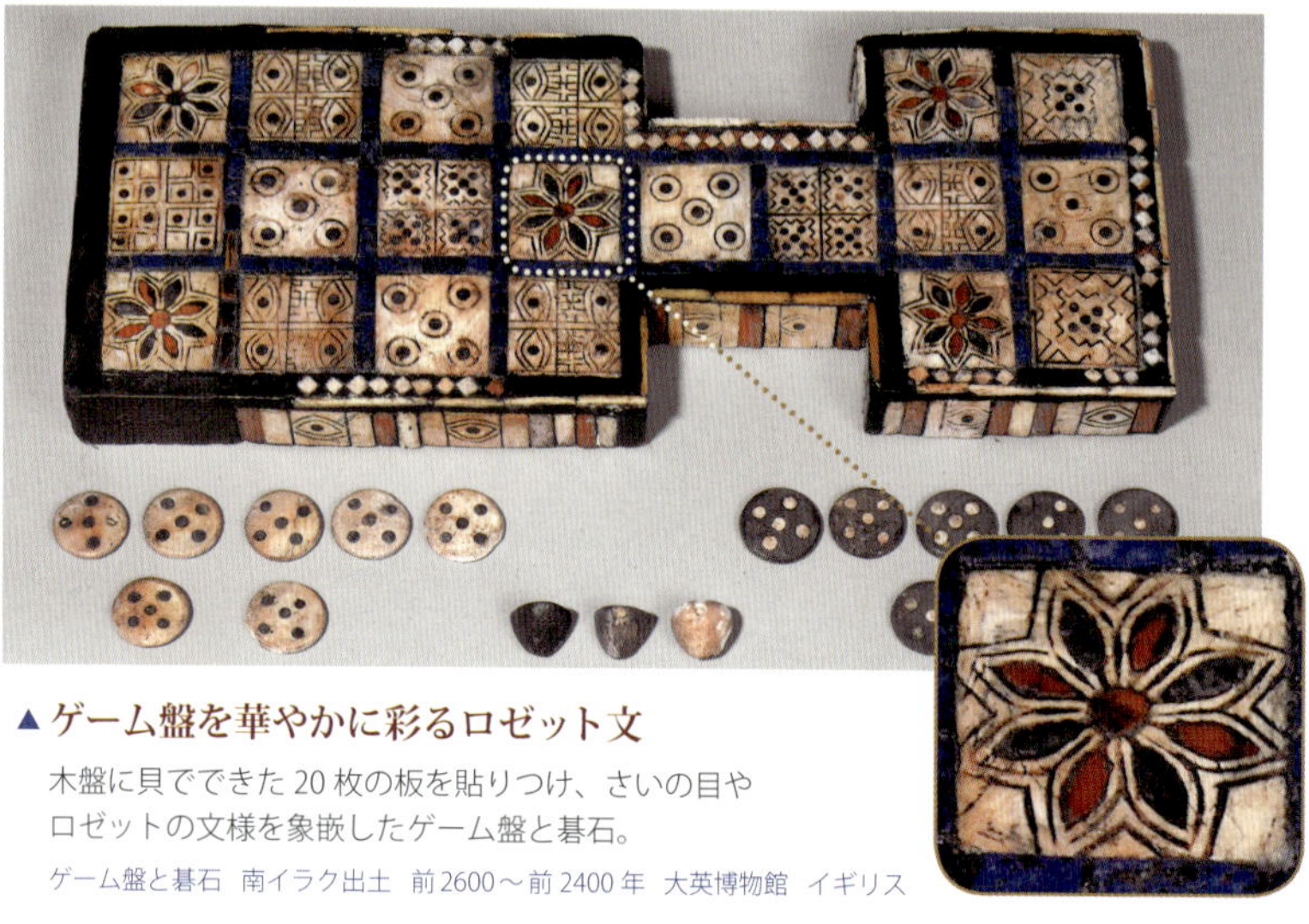

▲ゲーム盤を華やかに彩るロゼット文

木盤に貝でできた20枚の板を貼りつけ、さいの目やロゼットの文様を象嵌したゲーム盤と碁石。

ゲーム盤と碁石　南イラク出土　前2600～前2400年　大英博物館　イギリス

▲ バラ窓に見るロゼット 1253年 サン・フランチェスコ大聖堂
イタリア

◀ 古都バビロンを彩る白いロゼット

現在のイラクを中心に勢力を広めた新バビロニア王国のネブカドネザル２世は、都バビロンの北にイシュタル門を建てさせた。女神イシュタルに捧げられたこの門、それに続く「行列大通り」はライオンやドラゴン、牡牛たちの浮彫装飾が圧巻。その上下を、青い彩釉煉瓦に映える白い花びらのロゼットが彩っている。

イシュタル門の浮彫装飾 イラク出土 前580年頃
ペルガモン博物館 ドイツ

◀ 縁取り装飾♦ ヴェローリの手箱より トルコ出土 10～11世紀
ヴィクトリア・アンド・アルバート博物館 イギリス

中世ロマネスク、ゴシック期以降は、天井や外壁の飾りなどにも用いられた。花弁に葉がついた形でも表され、葉の数は三、四、六、八、十、十二、十六というヴァリエーションがある。

▲ アーチ天井に見るロゼット装飾♦ 15世紀後半
アルフォンソ１世の凱旋門 イタリア

▲ オリーヴ用スプーン♦ 1787～88年
パリ装飾美術館 フランス

Griffin

◆メソポタミア以東を起源とする空想獣。
獅子と鷲の組み合わせが多用された。
◆中世には紋章図像にもなる。

▶アケメネス朝ペルシアのグリフィン柱頭装飾
前516～前465年頃　ペルセポリス　イラン

グリフィン

メソポタミア

神々や王侯貴族に寄り添う聖獣

グリフィンは、古代にライオンが数多く生息していたザグロス山脈からイラン高原を起源とする、空想上の合成獣である。

獅子《しし》と鷲《わし》の組み合わせを基本とするこの図像は、古代イランに興ったアケメネス朝ペルシアの西方進出に伴い、紀元前五世紀頃にはバルカン半島へ伝えられた。

有翼の獅子頭タイプが多いマケドニアやトラキアだけでなく、アケメネス朝の支配を逃れたギリシア本土でも早くから類例があり、とくに古典期以降には神々に従う聖獣として、頭部が鷲で四脚が獅子のグリフィンが好まれた。このタイプは、スキタイ美術*の特徴である「動物闘争文様」にもしばしば見られる。

なお中世ヨーロッパでは、敏捷性《びんしょうせい》や慧《けい》眼《がん》を備えた鳥の王としての鷲と、巨大な力を持ち、警戒を怠らぬ百獣の王たる獅子の組み合わせがもてはやされ、グリフィンは王侯貴族や都市の紋章図像として広く用いられた。

▲ 闘争の様子をリアルに表した黄金の胸飾り

騎馬民族スキタイでは高度な金属工芸が展開した。さまざまな金工技法が駆使されたこの胸飾りには、グリフィンが馬に襲いかかる場面（下段）が活写されている。

金製胸飾り（部分）前4世紀頃　ウクライナ国立歴史博物館

▲ヨーロッパ諸都市の紋章図像として

イタリアやイギリス、ドイツ、北欧まで、王族や領主の紋章にグリフィンの紋章が見られる。

スウェーデンのセーデルマンランド地方の紋章♦

＊ 紀元前6～前3世紀に黒海沿岸を中心とした草原地帯に栄えたイラン系騎馬民族スキタイによる美術。武具や馬具のほか、動物をモティーフとした金属工芸を発展させ、ユーラシア内陸地帯から中国にまで大きな影響を与えた。

パピルス

エジプト

Papyrus

◆古代エジプトでは、パピルスを抽象化し、列柱や壁画などを装飾した。
◆紙や生活用品など古代エジプト文明の生活に密着したモティーフ。

▶ハトホル神とパピルス
『死者の書』より　第19王朝
前1295～前1186年
エジプト考古学博物館

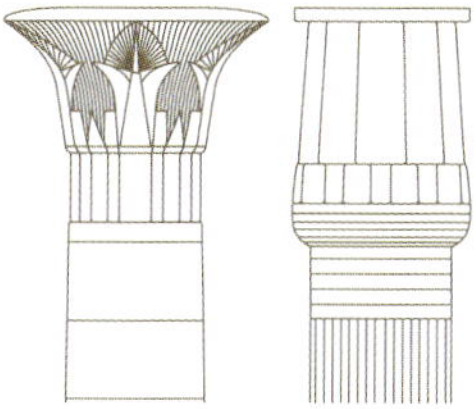

◀開花式（左）・未開花式（右）
柱頭◆　第18王朝　前1400年頃
ルクソール神殿　エジプト

▼パピルスの柱頭装飾（手前が未開花式、奥が開花式）第18王朝
前1370年頃　ルクソール神殿　エジプト

エジプト文明を象徴する植物

古代エジプト人はナイル川下流のデルタ地帯において、カヤツリグサ科の植物であるパピルスを栽培し、敷物や帆布《はんぷ》、履物《はきもの》のような生活雑貨から舟のような大型のものまで制作していた。また、パピルスの茎の髄《ずい》を打ち叩いて平板にし、ナイルの泥水で接着して紙に近い一種のシート状の筆記媒体、パピルス紙を発明した。

パピルスの形象は建築や壁画、器物などに施す意匠としても使用された。神殿の列柱はパピルスの茎に擬せられ、花の形は柱頭に用いられた。その形状は、開花した状態の「開花式」、つぼみを模した状態の「未開花式」に分類される。また墓所の壁画や器物の類、パピルス紙に描かれた絵画などには、群生するパピルスの様子や花束の意匠が描かれた。

パピルスは、「ナイルの賜物《たまもの》」（ヘロドトス）と呼ばれた古代エジプト文明を象徴するモティーフのひとつである。

◀パピルス（左）とロータス（右）との組み合わせ
O・ジョーンズ『装飾の文法』

▲ロータス（右）と紐でまとめられたパピルス（左）
O・ジョーンズ『装飾の文法』

▲陶製タイルに描かれたパピルス
エジプト出土　第19王朝
前1294～前1279年頃
ルーヴル美術館　フランス

蛇

Serpent

エジプト

- ◆古代エジプトでは聖蛇ウラエウスに代表される王権の守護神。
- ◆ギリシア神話では、大地の力の象徴とされ、「ヘルメスの杖」に絡む姿などで表される。
- ◆キリスト教では邪悪さや狡猾さのシンボル。

▶カフェ「金の蛇」の看板　1714年　チェコ

神秘的で超越的な力を持つと信じられた

古代エジプトにおける聖蛇《せいじゃ》ウラエウスは、コブラ姿の女神の集合名である。それらはエジプトコブラが鎌首をもたげて敵を威嚇《いかく》する姿で表された。ウラエウスは王を守護する護符であり、その力を象徴する図像でもあった。

ギリシア神話における蛇は、治癒力や大地の生産力を象徴し、医神アスクレピオスの杖や、冥界、地上界、天界を往来する伝令神ヘルメスの杖（カドゥケウス）として登場する。ヘルメスの杖は、杖に絡む二匹の蛇、先端に一対の翼、という意匠が一般的である。ヘルメスが旅人や商人の守護神であることから、今日では商業の象徴として用いられることも多い。一方、アスクレピオスの杖は一匹の蛇として表される。杖に一匹の蛇が絡む形式は医療の象徴となっている。

キリスト教世界では邪悪の象徴

キリスト教における蛇は、エデンの園でイヴをそそのかして知恵の木の実を食べさせた生き物で、邪悪さや狡猾《こうかつ》さ、おぞましさや気味の悪さを表す図像であった。ヨーロッパにおける蛇の意匠には、ギリシア神話や古代の観念に由来する神秘的な力とキリスト教が広めた否定的なイメージとが並存しているのである。

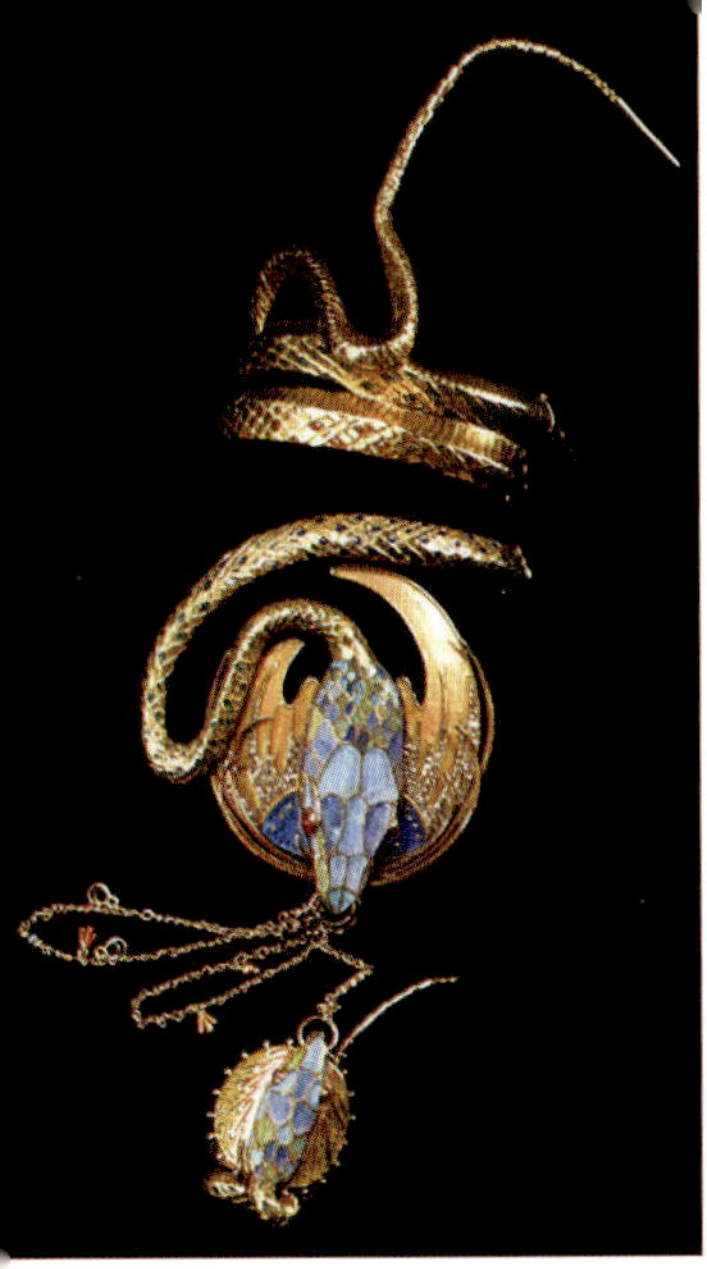

▲ **宝石がちりばめられた蛇のブレスレット**

アール・ヌーヴォー様式を代表する画家、アルフォンス・ミュシャが女優サラ・ベルナールのためにデザインしたブレスレット。蛇の頭にはオパール、目にはルビーが照り輝く妖艶な作品である。

A・ミュシャ（デザイン）　蛇のブレスレットと指輪　1899 年　堺市立文化館 / アルフォンス・ミュシャ館　大阪府

▲ イヴを誘惑する蛇が描かれた床面モザイク装飾　1166 年　オトラント大聖堂　イタリア

▲ **路傍に置かれたヘルメス神の石柱**

古代ギリシアでは外界の邪神を威嚇するため、角柱状の立石に男神の頭部を載せ、柱のなかほどに男根を表した「ヘルマイ」を路傍や集落の境界などに建てた。ローマ時代にも受け継がれ、ヘルメス神やカドゥケウス（左手に持つ杖）を浮き彫りにした石柱が建立された。

ヘルメス神の石柱　ローマ時代
エフェソス遺跡　トルコ

◀ **出版者の紋章に使われたヘルメスの杖**

ルネサンスの人文主義者エラスムスの著作を刊行した、バーゼルの書店主ヨハン・フローベンのプリンターズ・マークには、ヘルメスの杖に絡む2匹の蛇が表されている。

H・ホルバイン（子）
J・フローベンのプリンターズ・マーク
1523 年　バーゼル市立美術館　スイス

▼ **ルーン文字が刻まれた蛇**

ヴァイキングの人々は、11 世紀頃スウェーデン各地に数千のルーン石碑を建て、蛇やドラゴンの胴体にルーン文字で故人の事績などを記した。

蛇が刻まれたルーン石碑◆　11 世紀
スウェーデン

▶ **黄金とラピスラズリで造られた聖蛇**

ツタンカーメン王墓から出土した玉座の背もたれの裏側には、黄金とラピスラズリで作られた聖蛇ウラエウスが飾られている。鎌首をもたげ、頭上には太陽を象徴する円盤を戴く。背後にはパピルス（19 頁）が打ち出しで表されている。

ツタンカーメン王玉座背面のウラエウス
第 18 王朝　前 1347 ～前 1338 年頃
エジプト考古学博物館

Lotus

第1章 古代

ロータス

エジプト

◆古代エジプトでは「上エジプトの標章」とされ、永遠の生命や再生を象徴した。
◆つぼみや花を神殿の柱頭にあしらった装飾がギリシア・ローマにも伝播した。
◆ギリシアではパルメットと組み合わせて陶器に描かれるようになった。

▶エジプトの墓陵の天井を彩るロータス
O・ジョーンズ『装飾の文法』

▼太陽神とともに表される光の花

朝に開花するロータスは、エジプトの太陽神ホルスの象徴とされた。『死者の書』ではホルス神が幼い姿でロータスの上に現れると記されており、彫刻や壁面などに指をくわえた姿で描かれ、昇る太陽を表している。

幼児姿の太陽神ホルス　エジプト出土
前4世紀頃　ウィーン美術史美術館　オーストリア

母なるナイルに咲く生命と再生の象徴

ロータス、すなわち睡蓮は、古代エジプトにおいて神々や死者への供物《くもつ》として祭事などに欠かすことのできない植物で、「上エジプトの標章」とされた。母なる川ナイルに咲き、夕に閉じ朝また開く花であったことから、永遠の生命の神ネフェルテムの象徴として大切に扱われたためである。エジプト神話では、太陽はロータスから昇り、そしてそこへ沈むと信じられ、太陽や再生の象徴でもあった。

そのさまを具現化するように、太陽神ホルスの幼児姿は、開花したロータスの台座の上に据《す》えられている。さらに、来世での再生を願う王（ファラオ）の頭部を戴いた彫刻の台座としても用いられた。

また、エジプトではロータスの花やつぼみをモティーフとした神殿の柱頭が数多く作られた。パピルス（19頁）同様、開花式と未開花式が見られるが、とくに未開花式ロータスの柱頭は造形も単純であったため、神殿建築に多く用

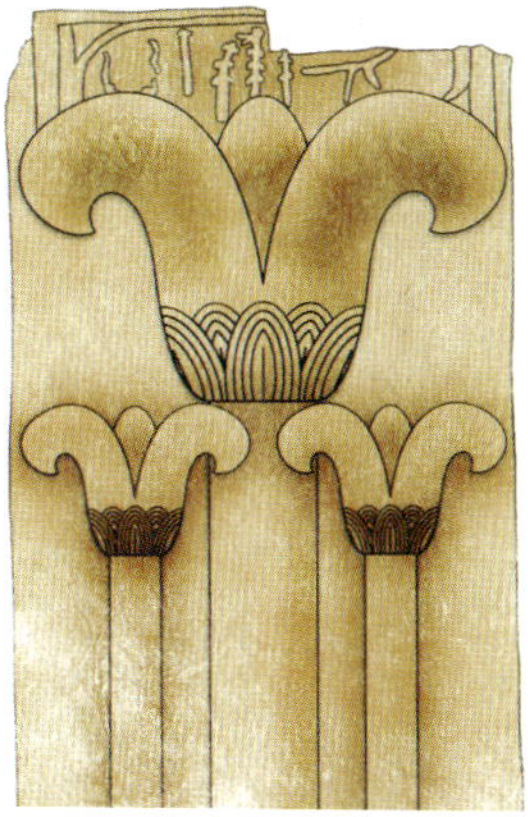

▲ 開花式柱頭◆ 第18王朝 前15世紀頃
アメン神殿 エジプト

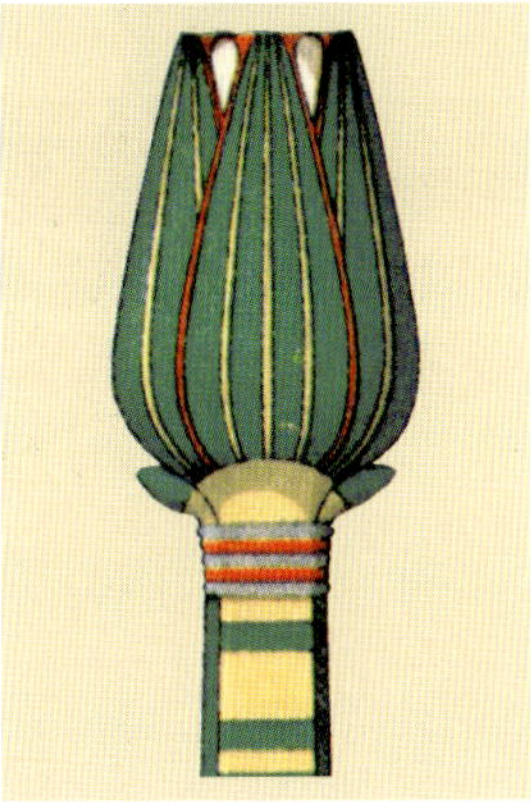

▲ 古代エジプトの未開花式柱頭
A・ラシネ『世界装飾図集成』

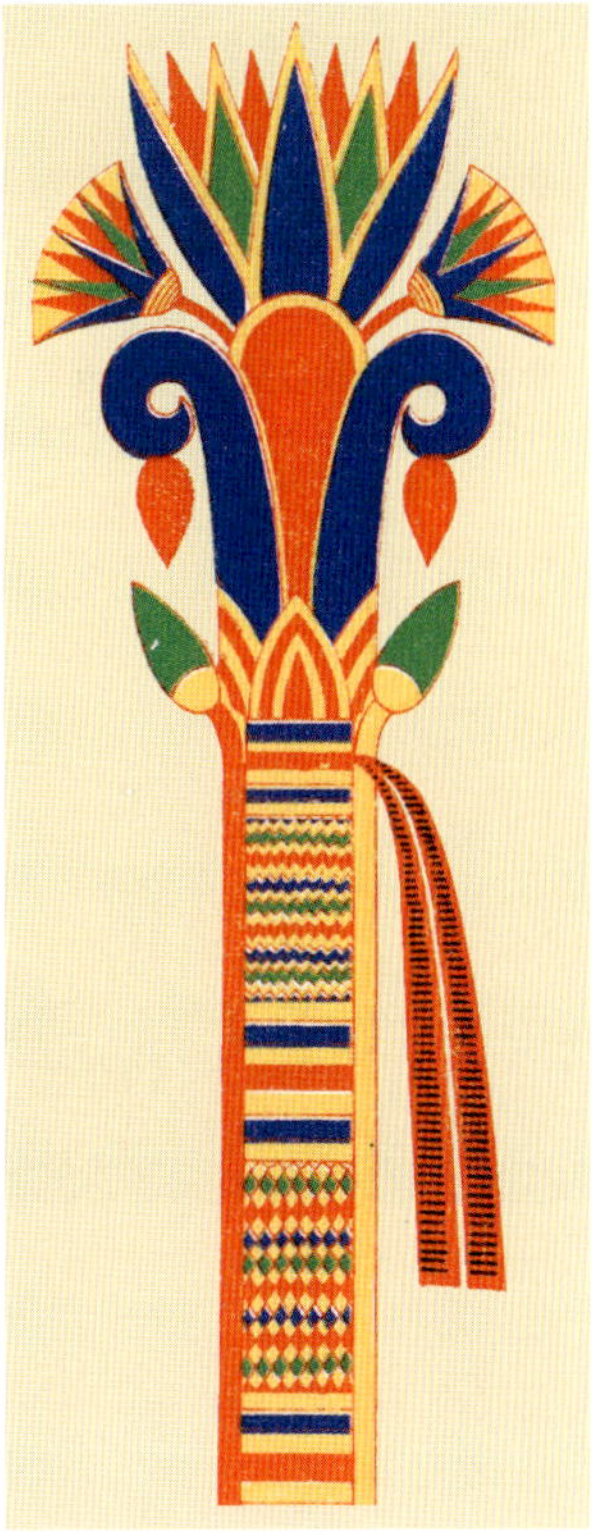

▲ 古代エジプトの複数のロータスの組み合わせ
O・ジョーンズ『装飾の文法』

◀ **時代の流行を取り入れたデザイン**

ロータスと渦巻装飾を組み合わせた化粧料入れ。同様の組み合わせはプトレマイオス朝期（前305～前30年）の柱頭装飾にもよく見られる。

ファイアンス製化粧容器
エジプト出土 前4～前1世紀
平山郁夫シルクロード美術館
山梨県

いられた。やがてこのタイプの柱頭は衰退していったが、ギリシア・ローマ時代の神殿に再び採用された。柱頭装飾は、化粧料入れや手鏡の柄《え》など工芸にも取り入れられていく。

ギリシアでは、前六世紀頃のアンフォラ*1やクラテル*2といった陶器の頸部《けいぶ》や取っ手下部などに、パルメットと組み合わせたデザインで数多く描かれた（29頁）。

▲ 開花式と未開花式が連続したコルサバード宮殿（ニネヴェ）の壁画装飾 前700年
A・ラシネ『世界装飾図集成』

▲ ロータスとロゼットの組み合わせ A・ラシネ『世界装飾図集成』

＊1 古代ギリシアで使われた2つの取っ手を持つ壺。
＊2 古代ギリシアやローマでブドウ酒と水を混ぜる際に使われた水瓶。

Sphinx

スフィンクス

エジプト

- **ライオンの身体に人面を組み合わせた幻想獣。**
- **シリアやギリシアではしなやかな体つきに、美女の顔と小さな翼で表された。**
- **新古典主義以降は、王侯貴族の家具や調度品の装飾モティーフとして好まれた。**

▲スフィンクスの象牙製透彫飾り板　イラク出土
前900～前700年頃　大英博物館　イギリス

▼神殿の参道に並ぶスフィンクス　第19王朝
前1279～前1213年頃　カルナック神殿　エジプト

墓所や参道に鎮座するファラオの守護者

スフィンクスとは、古代エジプト語の「シェセプ・アンク（生ける像）」に由来するギリシア語である。人面に獣身（ライオン）という「異種混合」の形態。最古の例はギザの三大ピラミッド近くに鎮座する、カフラー王に似せたスフィンクスといわれる。エジプトをはじめオリエント諸地域で権力の象徴、または魂の守護者とされ、神殿や墓所などの入口や参道にその彫像が置かれた。

エジプトでは、王（ファラオ）のような男性の顔にライオンの身体という堂々とした体軀《たいく》で表現されることが多い。一方、シリアやフェニキア、ギリシアでは艶《つや》やかな美女の顔にしなやかなネコ科の肢体《したい》、小さな翼を持ち、「妖艶《ようえん》な魔獣」ともいうべき姿が広く用いられた。

◀**ファラオと一体になったスフィンクス**

アメンホテプ3世の顔をかたどったスフィンクスの彫像。両手で供物の入った壺を捧げている。上質な青釉《あおゆう》が使われ、表面にきらめく滑らかな艶と、目の覚めるようなブルーの色彩が美しい逸品。

アメンホテプ3世のスフィンクス　エジプト出土　第18王朝　前14世紀　メトロポリタン美術館　アメリカ

◀ 世紀末のスフィンクス

オイディプスに謎かけをするスフィンクスを描いた、象徴主義の画家モローの代表作品のひとつ。挑発的な表情のスフィンクスと、女性のようにしなやかな体で、スフィンクスに圧倒されそうなオイディプスが対照的。男女のイメージを逆転させたこの作品は、発表当時に物議を醸した。

G・モロー《オイディプスとスフィンクス》1864年
メトロポリタン美術館 アメリカ

▲ 女体のスフィンクス◆ レキュトス（細頸の壺）の絵付けより
ギリシア出土 前5世紀
ルーヴル美術館 フランス

悪魔的な存在から「魔性の女」の象徴へ

ギリシアにおいては、スフィンクスはその姿からか、「魔物」もしくは「悪魔」的な性格づけがなされるようになった。ギリシア神話では、旅人に謎をかけては殺す怪物とされ、青年オイディプスにその謎を解かれて自殺したと伝えられている。

十八世紀後半になると、ヨーロッパでは新古典主義のモティーフとして、しばしば有翼のスフィンクスが好まれ、王侯貴族のための家具や調度品の装飾として流行した。

十九世紀末にはギリシア神話のスフィンクスが、オイディプス（男）を誘惑する「ファム・ファタル（運命の女）」として画家モローやアングルらにより絵画の主題に選ばれ、強く妖艶な「女性」像として描かれている。

▲ 皇后ジョゼフィーヌのコンソールテーブル
1809年 ルーヴル美術館 フランス

Topic

ヨーロッパで
最も早期に出現

幾何学文様

Geometrical Patterns

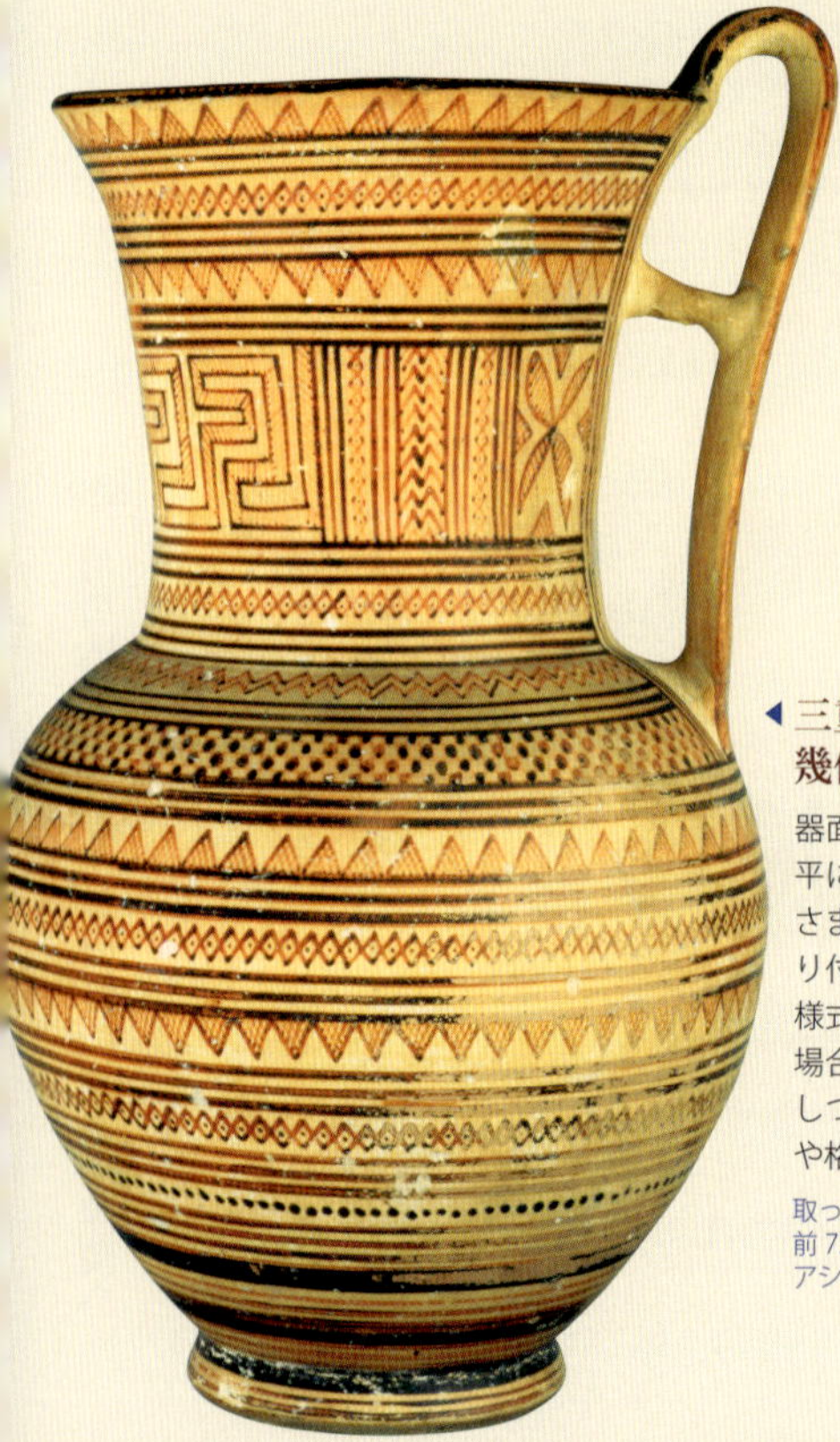

三重の線で数種の幾何学文様を分割

器面全体に三重の界線を水平に巡らせ、各界圏ごとにさまざまな幾何学文様を割り付けている。後期幾何学様式に属するこの水差しの場合には、鋸歯文を中心にしつつメアンダー（35頁）や格子文なども見られる。

取っ手付き水差し　ギリシア出土
前735～前720年
アシュモレアン博物館　イギリス

初期古代ギリシアで盛行した「幾何学様式」

「ヨーロッパの幾何学文様」の代表例としては、一般に初期古代ギリシアの「幾何学様式」が挙げられる。これは、紀元前十世紀末頃からギリシアのアッティカ地方で盛行した陶器の装飾様式で、口縁部や頸部、胴部、脚部など、壺の各部位ごとに各種の幾何学文様が明確に割り付けられているのが大きな特徴である。この様式には、先行するミュケナイ文明の陶器装飾を継承しつつ、フリーハンドでなく定規とコンパスを多用して施文するといった大きな革新が見られる。また、三角形や山形文、鋸歯文《きょしもん》、波状文、雷文《らいもん》、市松文《いちまつもん》など、きわめて豊かな幾何学的ヴァリエーションがあることでも知られている。

一方、この様式以外の幾何学文様については、ほとんど紹介されることがないが、幾何学文様自体は、ヨーロッパ各地で最も早くから出現していた文様であった。金属という新素材が登場した青銅器時代（紀元前三千～前六〇〇年頃）は、古代史上の一大画期であると同時に、多種多様な幾何学文様が登場した時代だった。多くの金属器に施された各種の文様には、単なる装飾機能に留まらず「辟邪《へきじゃ》」をはじめとするさまざまな呪術的意味が込められていたようである。ただし、先史時代のこうした施文行為に込められていたすべての象徴性を読み解くことは難しく、今なお神秘に包まれている。

▲ 鐘形杯　銅器時代　チェコ

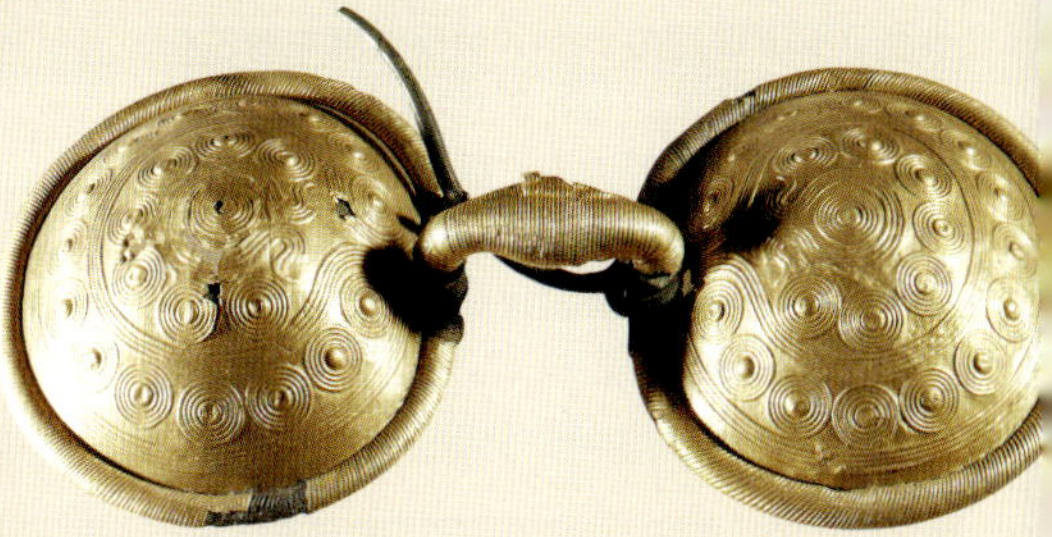

▲いくつもの円の連なりが印象的

スカンディナヴィア地域の青銅器時代（前1700年頃〜前500年頃）には、多様な金属製装身具が制作された。連続する同心円状の重圏文が印象的なこの留金は、世界有数の規模を誇るデンマーク国立博物館の青銅器時代コレクションのひとつである。

金の留金　前600年頃　デンマーク国立博物館

「時代の物差し」として近代の考古学研究に寄与

19世紀以来、スカンディナヴィア諸国や英国では、先史学において古代金属器とその文様への関心がとくに高まった。それは、当時盛んだったデザイン運動や美術史研究の分野で注目されるのに先んじてのことであった。自国の古代を扱う先史考古学の発展と青銅器時代の編年作業のなかで、出土品に施された各種の文様が、「時代の物差し」を作る上での有効な指標になり得ると目されたのである。

文様とは、必ずしも「美」という観点からのみで注目される存在ではない。そのことを、幾何学文様は我々に教えてくれるのである。

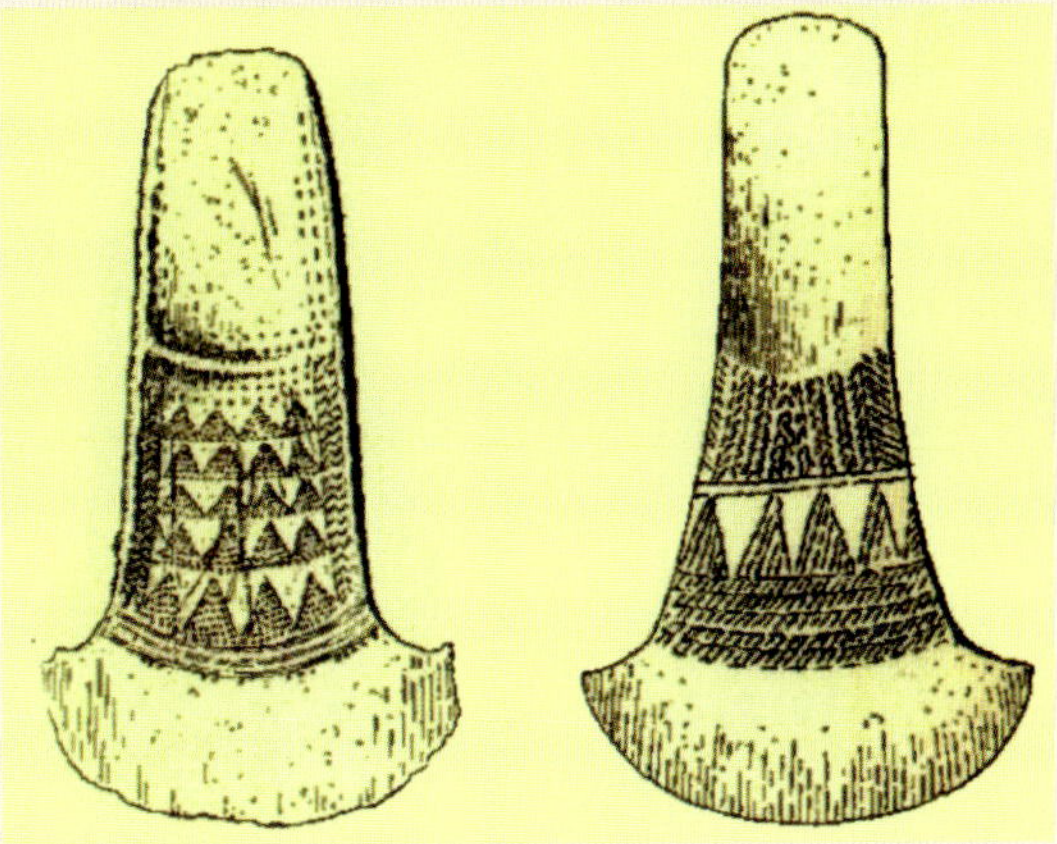

▲先史学発達に貢献した古物愛好家たち

A・J・エヴァンズは製紙会社社長を務めるかたわらブリテン諸島出土の古代遺物を数多く収集・研究した、19世紀後半を代表する古物愛好家のひとり。ヨーロッパ各国の先史学の発達は、こうした古物愛好家たちの活動がその基盤にあった。彼らが刊行した考古図譜には幾何学文様に関する記述がしばしば見られ、先史時代の文様が彼らの興味を引いていたことがうかがえる。

青銅製斧とその文様
A・J・エヴァンズ『英国・アイルランドにおける青銅器』より　1881年

Palmette

パルメット

ギリシア

◆西アジア原産のナツメヤシの葉を意匠化。
初期は列状に配したデザインが多い。
◆古代ギリシアで大きく展開し、唐草と融合したパルメット唐草文様がその典型。
◆中世キリスト教美術から新古典主義、現代にまで愛好されている。

▲ パルメット形のアンテフィクサ（屋根の端飾り）
前432年頃 パルテノン神殿 ギリシア
A・シュペルツ『装飾の歴史』

▲ 豊穣を象徴する最古のパルメット装飾

有翼の精霊とともに浮彫で表現された聖樹には、葉を紐状につないだパルメットが見られる。

北西宮殿のレリーフより イラク出土 前865年頃
大英博物館 イギリス

西アジアで珍重された豊穣のシンボル

パルメットは、扇形に広がるナツメヤシの葉を意匠化したものとされる。ナツメヤシは西アジア一帯に多く、甘くて柔らかい果粒がたわわに実るため、古くから乾燥地帯における豊穣のシンボルであった。その最古の例は、アッシリアに認められる（上図）。葉同士を紐《ひも》状の帯でつなぐパターンをはじめ、エジプトの影響を受けて横列に連ねたものや、聖樹あるいは豊穣のシンボルとしてのイメージを保ちつつ縦列に並べたものなど、ヴァリエーションが存在した。

他の植物との融合デザインが発達

パルメットの基本デザインはオリエント地域でまず整えられ、紀元前六世紀頃に古代ギリシア世界に受容されることで、さらに文様として大きな発展を遂げた。その典型例が、アッティカ地方を中心に成立したパルメット唐草である。これはパルメットや半裁パルメット*が蔓草《つるくさ》状に巻き込み反転する唐草文様で、黒像《こくぞう》式・赤《せき》像《ぞう》式陶器などに盛んに施文された。いずれもシンメトリカルな構成をとるが、紀元前五世紀には左右のバランスを意識的に大きく崩すタイプも登場した。さらに、パルメットとロータスが交互に連続する「アンテミオン」も、古典期の神殿建築や各種工芸分野で広く用いられた。

パルメットは、その後もアカンサス（30頁）などの葉状装飾と混交を重ね、ヘレニズム文化を経て中世にキリスト教美術が花開く頃には、さまざまな唐草文様を生み出す源泉となった。

＊パルメットを中央で分割したもの。

さまざまなパルメットの文様

◀ パルメット唐草

《アンタイオスのクラテル》とも呼ばれるアッティカ赤像式陶器の傑作に描かれたパルメット。聖杯形をしたこのクラテルは、英雄ヘラクレスと巨人アンタイオスが戦う場面の躍動感あふれる描写で有名だが、その写実性を引き立たせているのが、口縁部に精緻でリズミカルに巡らされたこのパルメットの文様帯である。

エウフロニオス《アンタイオスのクラテル》のパルメット◆ ギリシア出土 前515~前510年頃 ルーヴル美術館 フランス

▶ 偏行唐草パルメット

パンプローナ大聖堂にわずかに残るロマネスク様式柱頭には、一方向に波状に反転しながら展開する偏行唐草文の浮彫が見られる。

ロマネスク様式柱頭のパルメット◆
1127～45年頃
パンプローナ大聖堂 スペイン

◀ アンテミオン

パルメットとロータス（22頁）が交互に連続し、外湾した花弁の先端が尖るアンテミオンは、古典期ギリシアを代表する意匠。

支柱のアンテミオン◆ 前4～前1世紀頃
アポロン神殿 トルコ

▲ インテリアの意匠として近代に再興

新古典主義は、建築のみならず工芸や室内インテリアなどでも広く流行した。そのなかでパルメットは、最も頻繁に用いられた古典的意匠だった。高級木材マホガニーで制作されたこの椅子では、背もたれにパルメットを配することで、シックでエレガントな印象を与えている。

マホガニー製腰掛け椅子 1807年 パヴロフスク宮殿 ロシア

また、近代には新古典主義様式の建築や家具を中心に、再び流行した。

アカンサス

ギリシア

Acanthus

◆古代ギリシアで柱頭装飾として定着。
◆古代ローマに受け継がれ、蔓草状の形態に発展。ヨーロッパ各地に伝播した。

▲ アカンサスの帯状装飾の断片 1世紀 カピトリーノ神殿 イタリア O・ジョーンズ『装飾の文法』

▼ アウグスティヌス『神の国』写本の縁取り装飾♦ 15世紀 アムステルダム国立図書館 オランダ

▲『驚異の書』写本の縁取り装飾♦ 15世紀 パリ国立図書館 フランス

▲ 蔓草と一体になったアカンサス

「アラ・パキス」は初代ローマ皇帝アウグストゥスの凱旋を記念し元老院が奉献した祭壇。四方の外壁には人物群などが浮き彫りにされ、その下部一面にアカンサスの彫刻が見られる。

アラ・パキス・アウグスタエ（アウグストゥスの平和の祭壇）の正面レリーフ♦ 前9年頃 アラ・パキス博物館 イタリア

ヨーロッパで最も長く用いられた意匠

アカンサス[*1]は、古代ギリシアの柱頭装飾をはじめ、ウィリアム・モリスの作品に至るまで、ヨーロッパにおいて最も息長く、普遍的に用いられた意匠である。

アカンサスを用いたコリント式（40頁）柱頭装飾の最古の遺例は、紀元前四世紀にアテネで建造された「リュシクラテス記念碑」である。

アカンサスの意匠はローマ帝国の時代に都ローマへと伝播し、その葉弁や茎の形態がより大きく複雑に展開していった。紀元前九年に建造された「アラ・パキス（平和の祭壇）」の大理石の浮彫《うきぼり》では、アカンサスの花茎が唐草のように旋回する形態を持ち、蔓《つる》の分岐部や端部などに花や葉が表されている。この浮彫におけるアカンサスと唐草状の装飾との融合は、デザインの古典として後世に大きな影響を与えた。

アカンサスは中世以降もヨーロッパ各地で盛んに用いられ、建築はもとより家具の木彫や金工、染織など工芸の諸領域に幅広く応用された。

十九世紀の英国における「近代デザインの父」ウィリアム・モリスもまた、アカンサスを好んでデザインした。葉の形態をクローズアップした独特の意匠は、自然の観察に基づいた新た

＊ アカンサスは地中海沿岸地域を原産とする大型の常緑多年草である。和名をハアザミともいい、アカンサスはハアザミ属の総称。

▲ アカンサスの柱頭装飾
2～3世紀 パンテオン イタリア
O・ジョーンズ『装飾の文法』

▲ 柱頭部分の復元図

▲ アカンサスの柱頭装飾◆ 537年
ハギア・ソフィア聖堂 トルコ

▲ イギリス製草花文レリーフ・タイル（アカンサス） 19世紀 INAXライブミュージアム/世界のタイル博物館 愛知県

▲ **合唱団の優勝を称える「リュシクラテス記念碑」**

大ディオニュシア祭の少年コーラスで優勝したリュシクラテスが前335～前334年に建造した記念碑。高さ約6メートルの付柱6本が直径2.8メートルの円柱を囲む。柱頭と頂部台座にアカンサスの装飾が見られる。

リュシクラテス記念碑 前335～前334年頃 ギリシア

▲ アカンサスで作られた牛
V・H・フォン・ベンメル『金銀細工師のための新しい図案』より

モリスも好んだアカンサス

モリスは壁紙や印刷物を装飾するモティーフとしてアカンサスを愛でた。自然の形態と躍動的な構図が特徴的である。

◀ W・モリス（デザイン）
アルファベット装飾
ロセッティ『手と魂』
（ケルムスコット・プレス）
より 1895年

▲ W・モリス（デザイン） 壁紙《アカンサス》 1875年頃
ヴィクトリア・アンド・アルバート博物館 イギリス

な生気をモティーフに吹き込み、歴史的名作となった。アカンサスは古典古代からモダン・デザインの劈頭《へきとう》に至る、最も普遍的な装飾のひとつである。

イルカ

Dolphin

ギリシア

◆進むべき道を示す、賢い「水先案内人」。
◆「知性」のイメージが印刷・出版分野の発展とともに広まる。

▶ 太陽神ヘリオスとイルカを描いた陶器
ギリシア出土

▲モザイクを用いたイルカとアヒルの連続文

チュニジアのエル・ジェムにある古代ローマ遺跡シスドラスには、テッセラと呼ばれる色とりどりの小石を用いた美しいモザイク画群がある。写真はそのうちの佳作で、イルカを文様に描く。

イルカとアヒルを描いたモザイクの床面装飾　150年頃
エル・ジェム博物館　チュニジア

優れた知性で出版業のシンボルに

古来、イルカは「知性的」な「人類の友」であると信じられてきた*。ギリシア神話では、海神の乗り物や伝令役として、またエトルリアやローマでも、苦しい航海を助け、海難者を背に乗せて陸まで運んでくれる存在と目されていた。

イルカを象徴的に知性と結びつける認識は、出版業においてとくに顕著に見られる。ルネサンスを代表するヴェネツィアの印刷工房「アルドゥス印刷所」の社標は「錨《いかり》とイルカ」だが、これは「磔刑《たっけい》のキリスト」の象徴であると同時に、「悠々と急げ」という格言の寓意でもある。大海原を力強く自由に泳ぎ回るイルカと、その勢いを落ち着いてつなぎとめる錨、という組み合わせは、この印刷所が掲げていたモットーを視覚的に示すものだった。そしてそこには、「新時代の知の集積メディア」たる活版印刷物にふさわしいシンボルとしての意味も込められていた。イルカの意匠は、出版という新たな業種を通じ、ヨーロッパ中に広まっていったのである。

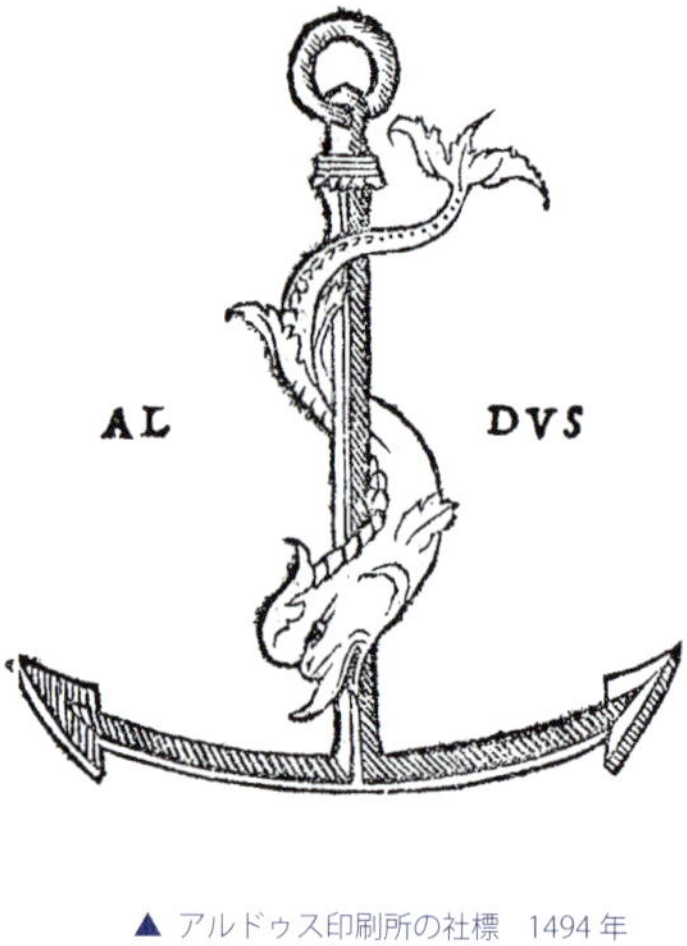

▲ アルドゥス印刷所の社標　1494年
印刷博物館　東京都

＊ 一方で、ヨーロッパではイルカは食用獣としての側面をも有していた。古代ローマの料理書にはイルカ料理のレシピが掲載されており、中世では宮廷料理の珍味としてしばしば王侯貴族の食卓にのぼっていた。

Swastika

スヴァスティカ

ギリシア

◆インド発祥といわれ、ヨーロッパでも古くから幸運のシンボルとされた。
◆古代ギリシアではハンマー形十字が太陽神アポロンを、北欧神話では車輪形十字が雷神トールの稲妻を象徴する。
◆20世紀に一部でゲルマン民族の象徴とされた。

▶スヴァスティカをモティーフとしたドイツの紋章◆

吉祥や太陽を象徴する十字の意匠

スヴァスティカは吉祥《きっしょう》のしるしである。インドに起源を持つとされ、ヒンドゥー教や仏教寺院でも数多く見ることができる。ヨーロッパへも伝わり、幸運のシンボルとされた。右回りが幸運、左回りが凶を意味する。日本でも卍《まんじ》紋として寺院の紋や大名家などの家紋に見られる。

インド神話では太陽神ヴィシュヌの象徴とされ、スヴァスティカは太陽を表すときにも多用された。古代ギリシアでも、太陽神アポロンはハンマー状の十字として表される。北欧神話の雷神トールの稲妻の形にも、車輪形十字（円形）のヴァリエーションが見られる。

▲刺青のように描かれたスヴァスティカ

幾何学様式時代に作られ、首と肩に描かれたスヴァスティカも幾何学文様（26頁）の一端とされる。衣服には手をつなぎ、輪になって踊る女性たちが表されている。

テラコッタ鐘形小像（土偶鈴）　ギリシア出土
前700年頃　ルーヴル美術館　フランス

◀スヴァスティカを描いたモザイクの床面装飾◆　6世紀頃　サン・ヴィターレ聖堂　イタリア

民族大移動期のゲルマン人のアクセサリーや服飾、キリスト教時代に入ると聖者の墓の断食敷布などにも描かれた。ギリシア文字の「Γ《ガンマ》」と形状が類似していることから、「ガンマ十字」とも呼ばれる。

北欧・ゲルマン系神話の神トールゆかりのドイツでは、十字の紋章がほかの国々に比べて格段に多い。悪名高いナチスの「鉤《かぎ》十字（ハーケンクロイツ）」は、スヴァスティカが発展した図案である。ヒトラーのアーリア人至上主義に結びついたこの紋章は、第二次世界大戦後、ヨーロッパでは使用禁止となっている。

第1章
古代

ストリギリス

ギリシア

Strigil

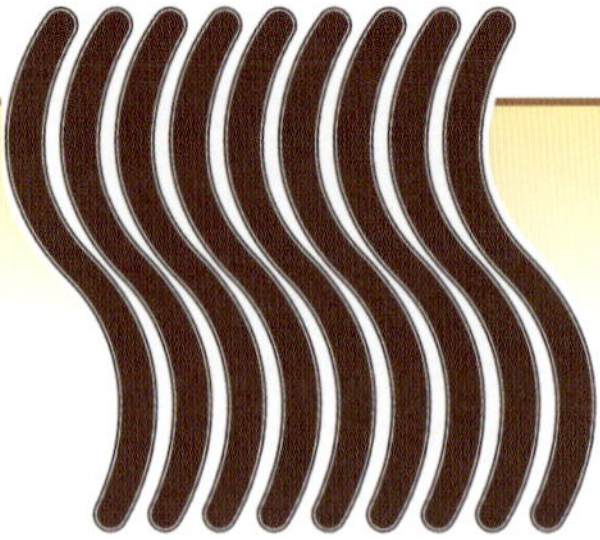

◆垢や汗などを拭い取るための道具「ストリギリス」から派生した文様。
◆フェストゥーンと並び、古代石棺の蓋や側面に見られる代表的な装飾文様。
◆古典古代研究が進展したルネサンス期や新古典主義時代に復活。

▼ ストリギリス　ギリシア出土　4世紀頃
オリンピア博物館　ギリシア

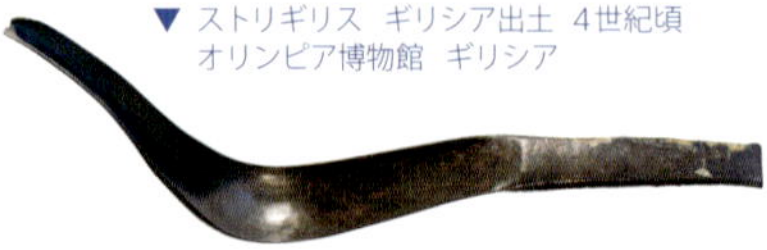

▲ ストリギリスを使う古代ギリシア人♦ 赤像式陶器より
ギリシア出土　前5世紀　ウィーン歴史博物館
オーストリア

▼ 石棺に施されたストリギリス文　ローマ時代
カンポサント（墓所）　イタリア

リズミカルな波形文様が特徴

スポーツが盛んだった古代ギリシアでは、出場選手が競技終了後に用いる道具に「ストリギリス」[*1]があった。取っ手のついたヘラ状の道具で、ヘラ部分が浅く内湾し、くの字形に屈曲しているのが特徴である。この道具は、運動中（および入浴中）にかいた汗や垢《あか》、競技時に身体に塗っていた香油を拭《ぬぐ》うためのものであり、ローマ時代に入ってからも地中海一帯で広く用いられた。その特徴的な形態に由来するのがストリギリス文様である。石棺の蓋や側面に連続して肋《あばら》状に施文されることが多く、フェストゥーン（42頁）とともに古代の石棺装飾を代表する。一見、単なる波形文のようだが、その表現は線刻や彩色によらず、まさにストリギリスを想起させるリズミカルな溝彫[*2]《フルーティング》で表すのが特徴である。

古代石棺の転用が流行した中世を経て、ルネサンス期や新古典主義時代にも注目を集めた。すでに石棺を用いる習慣は廃《すた》れていたものの、主に建築装飾として多用された。

＊1　主に青銅製の鋳造品として制作されたが、まれに象牙製のものもあった。
＊2　線刻が浅めの線による施文であるのに対して、溝彫は深くえぐる施文をいう。

Meander

◆古代ギリシアの陶器に多用された矩形の連続文。東アジアの雷文や卍つなぎなどもメアンダーに類される。
◆古代ローマが継承し、近世の新古典主義の意匠などにも多く用いられた。

▲ギリシアの陶器より♦

メアンダー

ギリシア

河川の流れを思わせる幾何学的なパターン

古代ギリシアとエーゲ海の歴史において、「トロイの木馬」で名高いトロイア戦争の終結から数世紀にわたる時代（紀元前十二〜前八世紀頃）を、暗黒時代と称している。そのなかで、菱形《ひしがた》や網目など幾何学的なパターンによって陶器の絵付けがなされた時代を、とくに幾何学様式時代（紀元前十世紀〜前八世紀）と呼ぶ。なかでも最も特徴的なのが、矩形の連続文のメアンダーである。その名称は現在のトルコ、エーゲ海に面した小アジアの古代イオニア人の都市、ミレトスのそばを流れるメンデレス川（古名マイアンドロス）にちなむ。また、東アジアの「雷文《らいもん》」に似たパターンや「卍《まんじ》つなぎ」、一種の「波頭連続文」なども、メアンダーとされる。

メアンダーは古代ローマや後世のヨーロッパ美術においても広く用いられ、とくに新古典主義の建築や工芸では頻繁に使用された。

▼神殿にふさわしい優美なデザイン

アポロン信仰の聖地、ディディムのアポロン神殿はデルフォイと並ぶ神託の聖地として信仰を集めた。列柱の礎石《そせき》部分上部にパルメット（28頁）、下部には優美なメアンダーが刻まれている。

礎石に刻まれたメアンダー　前4〜前1世紀頃
アポロン神殿　トルコ

▲ 上・下：ギリシアの陶器に描かれたメアンダー
O・ジョーンズ『装飾の文法』

▲ 天井モザイクのメアンダー♦　5世紀
ガッラ・プラキディア廟堂　イタリア

エッグ・アンド・ダーツ

ギリシア

Egg and Dart

◆卵と鏃を組み合わせた連続文様。
◆卵と錨や舌などとの組み合わせもある。
◆18 世紀後半の新古典主義以降には、室内や調度品を飾るようになった。

▶ 葉と鏃（上）、卵と鏃（下）のパターン　エレクテイオン神殿（アテネ）のエンタブラチュアより　前415年頃　大英博物館　イギリス

神殿建築に欠かせない装飾

エッグ・アンド・ダーツは、卵形（エッグ）と鏃《やじり》形（ダーツ）のパターンを交互に配列した文様である。古代ギリシアやローマでは、イオニア式やドーリア式の柱頭、エンタブラチュア*の装飾などに用いられた。多くは、卵部分の表面に飾りを加えないが、女性的で華美なイオニア式柱頭では、卵部分に葉飾りを加えたものも見られる。

卵と鏃のパターン以外にも、卵と錨《いかり》、卵と舌の組み合わせがあり、いずれも楕円《だえん》と矢印状の形態を配置している。また、卵の代わりに葉をかたどったものもある。

ルネサンス期になると、古代ギリシア・ローマ美術の賛美とともに、エッグ・アンド・ダーツが再び建築のエンタブラチュアなどを飾り、同時に彫刻の浮彫《うきぼり》装飾などにも用いられるようになる。また、新古典主義においては、調度品や室内装飾に欠かせない文様となった。

▲ 古典的ステイタスを示す定番のモティーフ

古代ギリシアの神殿を思わせる大英博物館は、19世紀前半に建てられた。立ち並ぶ列柱にはイオニア式の装飾が施され、中央のエッグ・アンド・ダーツも古代から受け継がれているのがわかる。
イオニア式柱頭　1857年　大英博物館　イギリス

▲ 卵と鏃のパターン　17世紀頃
サンタ・マリア・マッジョーレ大聖堂　イタリア

▲ 上：卵と舌のパターン（古代ギリシア）◆
下：卵と鏃のパターン（ルネサンス期）◆

＊ 柱頭から軒上端までの水平に連なる部分を指す。

Medusa

メドゥーサ

ギリシア

◆ギリシア神話に登場するゴルゴン三姉妹の末妹で、毒蛇の頭髪を特徴とする怪物。
◆邪眼の力を持つとされたことから、魔除けの護符として建築や甲冑に用いられた。
◆シチリアの象徴「トリナクリア」のように、地母神的な性格を有するものもある。

▶ゴルゴネイオン　前500年頃　イタリア出土
ヴィッラ・ジュリア国立博物館　イタリア

威嚇や魔除けとして建築物に多用された

ギリシア神話に登場するメドゥーサはゴルゴン三姉妹の末妹で、髪は毒蛇、猪《いのしし》の牙《きば》、青銅の手、真鍮《しんちゅう》の爪という醜怪な怪物である。彼女を見た者はたちまち石に変えられたが、女神アテナに導かれたペルセウスに首を切り落とされて退治される。その首をはめ込んだアテナの盾アイギス*は、敵を威嚇《いかく》し圧倒する力を持つものと考えられた。

　メドゥーサの首は、強い正面性を特徴とし、邪眼が有する力を見る者に強く訴える意図がうかがえる。その造形は「ゴルゴネイオン」とも称され、建築石材の一部やテラコッタにその頭部や全身像を表し、屋根上に載せるなど魔除けとして用いられた。ローマ時代に建造されたイスタンブールの地下貯水池の礎石《そせき》や、トルコのディディムに残るアポロン神殿の大理石彫刻などはとくに著名である。ローマ時代以降には甲《かっ》冑《ちゅう》の胸部に造形されることも多く、大理石の胸像などにそのデザインが残されている。

▲ 魔除けに用いられた「ゴルゴネイオン」

トルコ、エーゲ海沿岸地域は古代ローマ帝国の属州として大規模な都市や聖域が営まれた。ディディム遺跡のアポロン神殿には、外界の邪気を払うとされた背丈ほどのゴルゴネイオンが現存する。

アポロン神殿のゴルゴネイオン
前4～前1世紀頃　トルコ

▲トリナクリア　1945年
シチリア独立運動家の墓所　イタリア

＊ オリュンポス十二神の主神ゼウスが娘アテナに与えたとされる。

Caryatid

カリアティド

ギリシア

◆古代ギリシアの着衣の女性像をかたどった柱。
◆ルネサンス以降は内装や暖炉、家具といった室内装飾のほか、工芸品などにも応用された。

▶2人のカリアテイドの版画
1515～25年
大英博物館　イギリス

▼最も完成度の高いカリアティド

エレクテイオン神殿のカリアティドは、ギリシア神話の英雄エリクトニオスに捧げられた神殿の南側に立つ「少女の玄関」の女人像柱である。身体のプロポーションやキトン（＊1）のひだ、片足を上げたコントラポスト（＊2）など完成度の高い造形で知られる。

「少女の玄関」のカリアティド　前5世紀　エレクテイオン神殿　ギリシア

神殿の造りをより優美に見せる女人像

「カリアティド」の名称は古代ローマの建築家ウィトルウィウスの著作『建築について』に由来し、建築物の柱として用いられる女人像を指す。

▶暖炉脇で優雅に佇む

ヴィチェンツァ県カルドーニョに現存するヴィッラ・カルドーニョは、16世紀イタリアを代表するマニエリスムの建築家アンドレア・パッラーディオに比定される建物のひとつ。「ソフォニスバの間」の暖炉両脇の付柱にカリアティドが見られる。

伝A・パッラーディオ
暖炉のカリアティド装飾
1570年
ヴィッラ・カルドーニョ
イタリア

＊1　古代ギリシアの衣服。長方形の布を用い、両肩をピンで留めてひだを作る。男女ともに着用した。
＊2　絵画や彫刻において、人体がわずかにS字を描くようにすることで体を動的に見せる姿勢のこと。

▶食卓に優雅さと気品を添える

金箔が施された新古典主義のボウル。4体のカリアティドが支えるこのボウルは、デザートを盛るために使われた。

ダイール＆ジェラール
カリアティドのボウル
1811～13年　コートールド・ギャラリー　イギリス

男性像柱の「アトラス」と対照されることも多い。その起源は古代ギリシアにさかのぼり、儀式用のランプや鏡の持ち手などに施された女人像が古い形式と思われる。建築物の柱として用いられた早期の事例として、紀元前五二五年頃、古代ギリシアの聖地であるデルフォイに建造された「シフノス人の宝庫」が挙げられる。正面の二柱にやや硬い表現のアルカイックなカリアティドが用いられていた。

この百年ほどのちにアテネのアクロポリスに建造されたエレクテイオン神殿のカリアティドは、最も優美な作例として後世の規範となった。エレクテイオンのカリアティドは西神室の南壁沿いに設けられたポーチの屋根を支える、高さ二・三メートルほどの六体の女人像である。その完成度の高さから、古代ローマ時代より盛んに模倣品が制作されてきた。

近代では室内装飾として好まれた

カリアティドはルネサンス期以降、室内装飾のモティーフとしても利用された。また、フォンテーヌブロー派の彫刻などによって北方マニエリスムの装飾としても定着していった。新古典主義においては古代ギリシア風のカリアティドがさらに強調され、内装の柱や暖炉、家具や燭台《しょくだい》の脚部など柱状の部材に、その形式が幅広く応用された。

▲近代にはガラス作品のモティーフに

19世紀から20世紀にかけて活躍したガラス作家、ルネ・ラリックによる作品。ディナー・テーブルを飾る置物としてデザインされた。細くすらりとしたラインが美しい。

R・ラリック　立像《カリアティド》
1922年　北澤美術館　長野県

Topic

華麗な草花や
ユニークな造形を戴く

柱頭装飾

Decorative Capitals

植物をモティーフとした建築装飾

柱頭装飾は、建築の柱の頂上に施された装飾部分を指し、地域と時代によってさまざまな様式が生まれた。

古代エジプトの神殿には円柱と角柱があり、古い時期の柱は巨大な一本の石材から成る。やがていくつかのパーツを組み上げ、上から下へと整形し、磨きをかけて表面に彩色を施すことで、一本石の柱に見えるように仕上げられるようになった。円柱の柱身は木の幹やパピルス（19頁）の茎の束、柱頭の装飾も植物をモティーフとしたものが多い。柱頭と柱身の接点に見られる数本の帯文様は、パピルスなどの茎を束ねた縄を意匠とし、これは柱が木材で作られていたことの名残である。縦溝のある石柱は、植物の茎を束ねた形を表した。

美への意識、造形技術ともに開花した紀元前六～前五世紀のギリシアでは、簡素な「ドーリア式」、かむり板の両側を渦巻状にした「イオニア式」、イオニア式の渦巻《うずまき》装飾にアカンサス（30頁）の葉を融合させた「コリント式」の三大様式が生まれた。これらは神殿などの建築装飾として欠かせないもので、のちの柱頭装飾発展の祖型となる。間もなく、ローマでもギリシアの三大様式が取り入れられるようになった。

神の教えを伝えるための手段として

キリスト教世界でもギリシア・ローマの装飾様式が取り入れられた。ビザンティン帝国や西ヨーロッパの初期には、ギリシアのコリント式を模倣した葉のモティーフが主流となり、教会建築の柱頭を飾った。

ロマネスク期には、教会建築の細部に、キリスト教の教えを伝えるための工夫が凝らされた。とくに建物内外の柱頭装飾では、キリスト

柱頭装飾の三大様式

ドーリア式

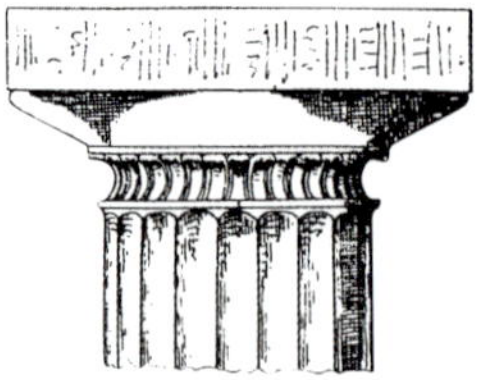

▲前530年頃 パルテノン神殿 ギリシア

イオニア式

▲前4～1世紀 アポロン神殿 トルコ

コリント式

▲前335～前334年頃 リュシクラテス記念碑（台座部の柱頭） ギリシア

いずれもF・マイヤー『装飾のハンドブック』より

◀ 厳かな聖書の場面を簡潔に表現

左がモーセ、右が聖パウロ、ひき臼はイエスを表し、旧約聖書から新約聖書へ教えが伝承されることを示している。

「神秘の粉ひき」を表した柱頭装飾　12 世紀初頭
サント・マドレーヌ大聖堂
フランス

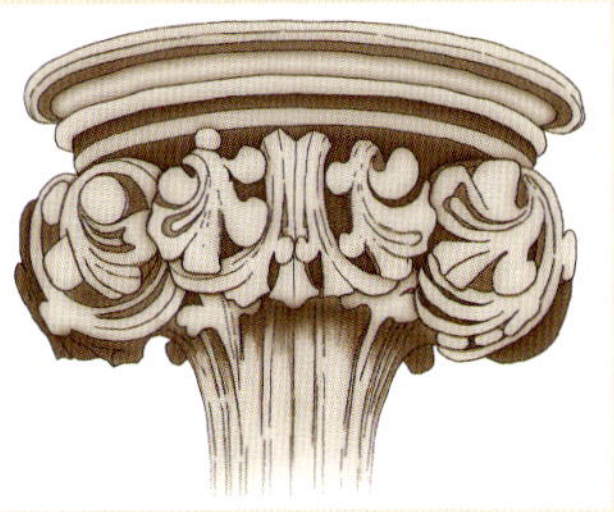

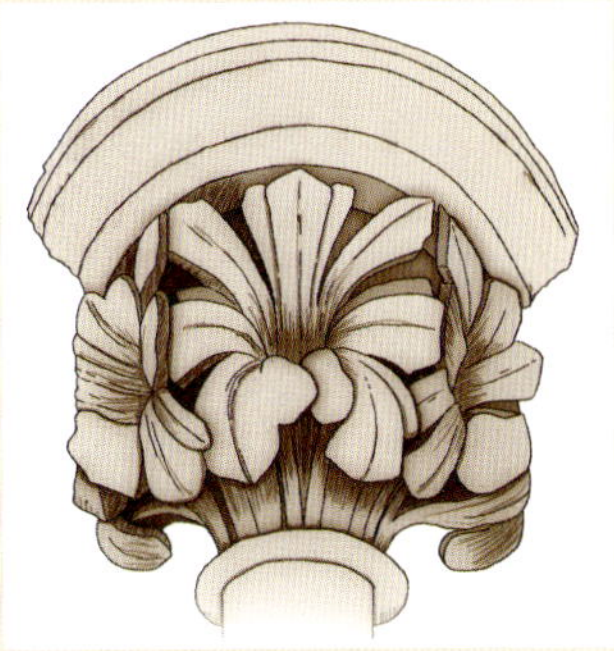

▲ 草花の洗練された造形

初期イギリス・ゴシック様式では、草花のシンプルかつ洗練された造形が好まれた。

上：渦巻状の草花を表した柱頭装飾♦　13 世紀
下：ユリのような花がモティーフの柱頭装飾♦
13 世紀　ウォーミントン教会　イギリス

▲ 禁断の実を手にするイヴ（右）と蛇（中央）
12 世紀初頭　サント・マドレーヌ大聖堂
フランス

▲ うねるような唐草を表した植物文の柱頭装飾
13 世紀　サン・マルティン聖堂　スペイン

◀ さまざまなモティーフの自由な組み合わせ

上部にグリーンマン（87 頁）、その下にはアカンサスと人の顔が融合した造形が見られるルネサンス期の柱頭装飾。これらの装飾の中間部にはエッグ・アンド・ダーツが配されるなど、時代を経てさまざまなモティーフが組み合わされるようになった。

司祭席の柱頭装飾　15 世紀後半
サンタ・マリア・デイ・ミラコリ教会　イタリア
F・マイヤー『装飾のハンドブック』

教のシンボルとされる植物や動物、聖人、天使などを組み入れて聖書の場面を再現し、創造主・神への賛美を視覚化することで、見る者の信仰心を高める役割も果たしたのである。また、植物文や動物文のほかにも、鳥獣文、組紐《くみひも》文などさまざまな意匠が考案された。

ルネサンス期以降、ギリシアの三大様式が復活し、とくにコリント式柱頭が教会のほか王族の宮殿などを飾るようになった。エッグ・アンド・ダーツ（36頁）をはじめ、有翼の馬やライオン（70頁）、鳥など多彩なモティーフを組み合わせたパターンも好まれた。

Festoon

- ◆さまざまな草花や果実の束を左右端部で縛り、中央部を垂らした植物文様。
- ◆古代ローマでは豊穣のシンボル。
- ◆近代では高貴さを表す装飾として新古典主義様式の建築や陶磁器に見られる。

第1章

古代

フェストゥーン

ローマ

咲き誇る草花や果実が豊穣を象徴

フェストゥーンは、植物を主題とした意匠でありながら、唐草文として総称される植物文様とは全く異なる構成原理を有している。唐草文がパターン化・様式化した植物の連続施文であるのに対し、フェストゥーンはさまざまな植物を束ね上げ、左右の端部を縛って中央部が垂れ下がるようにしたものを指す。[*1] なお端部には、ブークラニウム[*2]や仮面（112頁）、プットー（50頁）ないし女性像を配し、花綱《はなづな》とつなぐ場合が多い。

▲タピスリーでは画面に華やぎを添えて

大型タピスリーは、18 世紀に至るまでフランスで盛んに制作された。主題は神話や歴史など多岐にわたるが、縁取り部分にフェストゥーンを用いて場面に華やぎを与える作例が少なくない。

〈シャンボール城：九月〉タピスリー連作《大王の城尽くし》より　1712 年以前
国立西洋美術館　東京都

▲アクタイオン伝説を描いた石棺　イタリア出土　2 世紀頃　ルーヴル美術館　フランス

＊1　一般に「花綱」ないし「花綵《はなづな》」と訳出されることが多いが、そのヴァリエーションはきわめて多様。花自体を用いていない場合も少なくない。

▲咲き乱れる花々が聖家族を囲む

17世紀のフランドル地方では草花を中心とした静物画が流行。とくにヤン・ブリューゲル（父）は、巧緻を尽くして質感を描き分ける植物画を得意とした。この作品でも聖家族を祝福する天使たちが手にした花綱が見事に写実的である。

J・ブリューゲル（父）《聖家族》1620年頃
アルテ・ピナコテーク　ドイツ

▲華やかな花綱文はウェッジウッドでも好まれている

ウェッジウッドはイギリスを代表する創業100年余の窯業メーカー。新古典主義様式の造形は今も人気が高く、ペールブルー地に型抜きの白色レリーフを貼りつける「ジャスパーウェア」シリーズではフェストゥーンが多用されている。

踊り子　A・ケテルビー（作曲）《ウェッジウッドの青》の楽譜より
1920年

豊穣のシンボルとしてのフェストゥーンは、紀元前四世紀末から前三世紀初頭に登場し、とくに建築や彫刻、壁画、石棺などに見られる。ヘレニズム末期には、伝統的な樹葉のみならず、樹葉と果実、花・樹葉・果実の組み合わせなど、複数のタイプが成立した。

宮殿を彩る高貴な意匠へと発展

ルネサンス期以降、空間に華やぎを与えるフェストゥーンの装飾対象は拡大し、同時にその表現は、植物名が同定できるほど写実的なものとなった。例えば、植物学の興隆を背景に草花への関心が高まっていた十七世紀のオランダでは、絵画主題の背景や縁飾りに好んで用いられた。また、王侯貴族の宮殿を飾るための大型タピスリーが制作されていたフランスでも、格好の装飾モティーフとなった。

十八世紀に入ると、フェストゥーンは新古典主義様式の建築や陶磁器類などを中心に用いられた。しかし、ここではもはや「豊穣」という本来の意味合いは薄く、むしろ近代人から見た古代への憧憬《しょうけい》、すなわち「由緒の正しさ」や「高貴さ」などを印象づける代表的な意匠として扱われた。

＊2　牛の頭蓋骨を模した彫刻装飾。古代ローマの建築装飾として用いられ、ルネサンス、バロック、新古典主義時代でも好まれた。

マツカサ

ローマ

Pinecone

◆食料として重宝されたマツの種子をいだく、マツカサそのものがデザインの主役となった。
◆その形態から豊穣や生命を象徴。
◆建築や家具などの先端装飾（フィニアル）としても好まれ、盛んに用いられた。

▶クリスマス・リースのマツカサ装飾

実りの豊かさや生命力を象徴する形

東洋におけるマツは、葉や枝、幹や鱗片《りんぺん》状の樹皮など、樹形全体が造形芸術の対象となってきたが、ヨーロッパにおけるマツの表象は、もっぱらマツカサを主眼とするものであった。

イタリア周辺などに多く分布するイタリア・カサマツは、葉叢《はむら》が樹上に集まって笠状になり、大きなマツカサによく肥えた胚乳《はいにゅう》を実らせる。マツカサが造形の主役となる背景には、古代から続くマツの実が食料として採集されてきた食文化の伝統が関与している。マツカサは、実りの豊かさや生命力の凝縮といった「いのち」の源を思わせるにふさわしい存在であった。

家具の先端部を飾る代表的モティーフへ

後世、マツカサは建築から家具の装飾、また庭の点景としてあしらわれる彫刻にまで多用された。椅子の背もたれやベッドの柱、カーテンレールの端、陶磁器の蓋《ふた》のつまみ。ゴシック建築の屋根飾りに由来するこれら先端部の装飾を「フィニアル」と総称するが、マツカサはフィニアルに用いやすい形態として、盛んに利用された。

これらのなかには、マツカサの鱗片が斜めの縦横線で簡単に表され、菱形《ひしがた》（104頁）の連続文のようになったものも見られる。パイナップルやアーティチョーク（チョウセンアザミ）、ザクロ（100頁）の実などを表した文様とも似通った表現であり、それらの厳密な判別は困難である。これは、マツカサのデザインが多用されるなかで次第に描写の抽象度が増し、かつ普遍的な装飾となっていった過程を示すものと考えられる。

▲巫女の聖杖「テュルソス」

「テュルソスの杖」は、古代ギリシアでディオニュソス（バッカス）神に仕える巫女たちの持ち物。長い杖や槍、フェンネルの茎などの先端にマツカサをつけ、キヅタや花々を巻きつけて飾ることもあった。生殖器を想起させる形態は、大地を肥沃にする神の力の象徴である。

テュルソスの杖を持つ巫女◆ ギリシアの壺絵より　ギリシア出土　前500～前490年頃　ミュンヘン考古学博物館　ドイツ

▲実りの豊かさを象徴

マツカサ拾いの光景が描かれた14世紀イタリアの写本の一葉。左の男性が拾ったマツカサを籠に入れようとしている。頭上のマツには豊かに実ったマツカサが見られ、自然の生命力を象徴している。

『健康全書』写本より 14世紀
ウィーン国立図書館 オーストリア

▲マツカサのモニュメント 1～2世紀
ヴァチカン博物館 / ピーニャの中庭 ヴァチカン市国

▶ワインボウルとそのフィニアル
16世紀 ヴィクトリア・アンド・アルバート博物館 イギリス

▲砂糖入れの蓋のフィニアル♦
1730～40年頃 ヴィクトリア・アンド・アルバート博物館 イギリス

▲蓋付き鉢のフィニアル♦
1790年頃 ヴィクトリア・アンド・アルバート博物館 イギリス

▲E・スキャパレッリ（デザイン） マツカサのチョーカー
1938年 ヴィクトリア・アンド・アルバート博物館 イギリス

◀マツカサを描いた天井板のスケッチ♦ 1847年頃
ヴィクトリア・アンド・アルバート博物館 イギリス

Scallop

- キリスト教では聖ヤコブの象徴。
- ギリシア神話では美と愛の女神ヴィーナスを運ぶ船として表された。
- 建築や家具、額縁、敷石のデザインなどに幅広く応用される普遍的なモティーフ。

▶ 聖ヤコブの肖像
C・クリヴェッリ《サン・マルティーノ祭壇画》（部分）
15世紀後半　サン・マルティーノ教会　イタリア

ホタテガイ

ローマ

◀ **外壁をびっしりと覆うホタテガイの石彫**

巡礼路を守護したサンティアゴ騎士団のひとりが15世紀後半にサラマンカに建てたゴシック様式の邸宅。その壁面を飾るホタテガイの石彫にちなんでカサ・デ・ラス・コンチャス（貝の家）と呼ばれている。

邸宅外壁のホタテガイの石彫
1493年　カサ・デ・ラス・コンチャス
スペイン

さまざまなイメージの源泉となった貝殻

ホタテガイは、貝殻が放射状の肋《ろく》（貝表面のスジ状の隆起部分）と、ゆるやかに膨らんだ扇形の形状を持ち、肉厚な貝柱や身は古くから食用とされてきた。貝殻の美しさと内なる滋味が、さまざまなイメージの源泉であった。

ホタテガイは、フランス語で「コキーユ・サン・ジャック（聖ヤコブの貝）」とも呼ばれるように、十二使徒のひとりヤコブとゆかりが深い＊。スペイン北西部ガリシア地方のサンティアゴ・デ・コンポステーラは、聖ヤコブの亡骸《なきがら》が祀《まつ》られているとされ、九世紀以来、ヨーロッパ各地からの巡礼を集めてきた。巡礼者たちはホタテガイの貝殻を聖ヤコブの象徴として身につけた。

ギリシア神話におけるホタテガイは美と愛の女神アフロディテ（ヴィーナス）誕生の場面に登場する。ヴィーナスはホタテガイの船に乗り、陸へと運ばれた。

貝殻の形象は建築や器物などの装飾に応用された。日本における青海波《せいがいは》や波形文の類も、ヨーロッパではホタテガイのイメージとしてとらえられた。ホタテガイはヨーロッパの装飾美術において最も親しまれ、普遍的に用いられた意匠のひとつである。

＊ 彼が漁師であったから、またはエルサレムで殉教したヤコブの遺体がサンティアゴ・デ・コンポステーラに流れ着いた際、船の底にホタテガイの貝殻がびっしりとついていたからなど諸説ある。

◀ヴィーナスを運ぶにふさわしい優美な船

海の泡から生まれた美と愛の女神ヴィーナスは、ホタテガイの船に乗って陸地へと吹き寄せられる。古代ローマの都市ポンペイの壁画にもすでに同様の図像が存在した。

S・ボッティチェリ
《ヴィーナスの誕生》1485 年頃
ウフィツィ美術館　イタリア

◀壁紙に描かれたホタテガイ♦
1887～1900 年頃
ヴィクトリア・アンド・アルバート博物館　イギリス

◀W・チェンバース
額縁の素描に見るホタテガイ♦
18 世紀　ヴィクトリア・アンド・アルバート博物館　イギリス

▲ホタテガイの肋を活かしたデザイン

18 世紀の皮革製本の型押しに見られるホタテガイ。肋を抽象化したシンプルなデザインである。

『ジョン・ロック著作集』
背表紙のホタテガイ　1751 年
松山大学図書館　愛媛県

▲ホタテガイに見立てられるスレート外壁
1905 年　旧ハリヤー邸（うろこの家）
兵庫県

「ホタテガイ」のモザイクと「青海波」

手前から奥へと連なる波形のパターンを、日本の伝統文様では「青海波」と呼ぶ。だがヨーロッパではこの形から「ホタテガイ」を連想することが多い。神戸にある「うろこの家」のスレート外壁も、フィッシュ・スケール（魚のウロコ）あるいは「ホタテガイ」の形としてイメージされる。

◀敷石のモザイク見られるホタテガイのパターン♦

Guilloche

ひねり紐

ローマ

◆複数のロープ状の紐をひねる、よじるなどして表された文様。
◆古代ローマでは、建築物の床や壁を飾るモザイクに多く見られ、色彩と陰影をつけることで立体的に表現された。

◀ ひねり紐の十字架のレプリカ　クロアチア

▲ 色とりどりのひねり紐の競艶

赤と緑のひねり紐が交差して八角の星形を形作り、色鮮やかに床を彩っている。中央には風車のような図像が陰影豊かに表されている。

床面モザイク装飾　4世紀頃　ヴィッラ・デル・カザーレ　イタリア

縁や境目を帯状に装飾

ひねる、よじる、組むなどして得られるロープのような太さのある紐《ひも》（ストランド）文様。縁取《ふちど》りとして表されることが多く、「ギロッシュ」とも呼ばれる。古代ローマでは貴族のヴィッラ（邸宅）や公共建築の床・壁などを飾る、モザイク芸術に数多く見られる。

紐の数は二本、三本、五本などさまざまで、方形や円形のモザイク芸術の縁取りや、境目の装飾に用いることが多い。また紐で囲まれた内側に花模様、ロゼット（16頁）などを並置させるデザインも一般的である。

古代ローマのモザイクでは、紐やロープの豊かな丸みを表す陰影や色彩のグラデーションが施され、立体的に浮かび上がるのが特徴。これは同じ紐状文様でも、北方のケルト美術の「組《くみ》紐《ひも》（インターレイス）文様」（54頁）とは異なる点である。モノや人物表現において写実性を重んじた地中海世界のローマ美術においては、人物や動物などの図像と同様に、それを縁取る文様も立体的に表そうとする傾向があった。

地域や時代を超えて受け継がれている文様

「ひねり紐文様」はローマ帝国の支配がおよんだ中近東のシリアや北アフリカ、ヨーロッパ大陸諸地域、ロシア、イベリア半島、ブリテン諸島まで広範囲に見られるばかりでなく、[*1]中世のキリスト教教会堂建築の装飾にも引き継がれた。[*2]モザイクのみならず、石彫や木工における縁取り装飾として、近現代の建築・家具や印刷物にも愛好され続けている。

＊1　シチリアから北ヨークシャーの古代ローマ貴族のヴィッラや、フランスはアルルやオータンの作例など。
＊2　モザイク芸術の殿堂であるヴェネツィアのサン・マルコ寺院の床装飾はその典型。

▲古代ローマのヴィッラの床面モザイク装飾　ドイツ出土　A・シュペルツ『装飾の歴史』

▲ブレシアの家の床面モザイク　ローマ時代　A・シュペルツ『装飾の歴史』

▲ハギア・ソフィア大聖堂の床面装飾　A・シュペルツ『装飾の歴史』

◀さまざまな大理石で趣向を凝らした装飾

大理石のモザイク片を用いたひねり紐の床装飾では、2つの紐の間にきれいな円が描かれ、そこにも模様や色の異なる大理石がはめられている。

大理石の床面モザイク装飾　11世紀頃
サン・マルコ寺院　イタリア

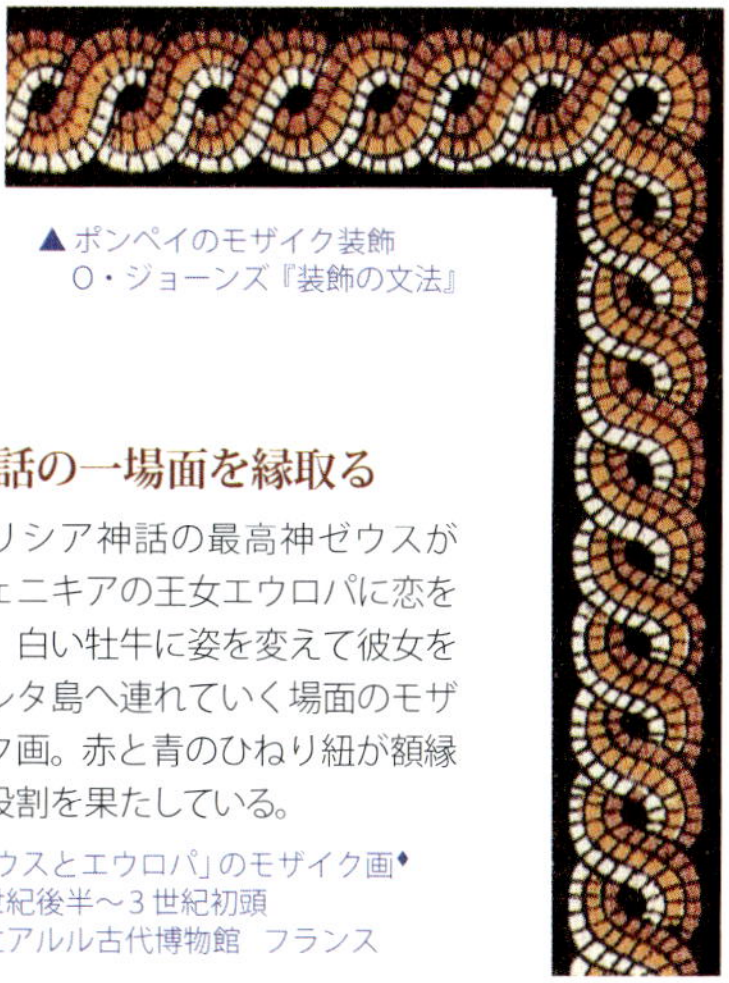

▲ポンペイのモザイク装飾　O・ジョーンズ『装飾の文法』

◀神話の一場面を縁取る

ギリシア神話の最高神ゼウスがフェニキアの王女エウロパに恋をし、白い牡牛に姿を変えて彼女をクレタ島へ連れていく場面のモザイク画。赤と青のひねり紐が額縁の役割を果たしている。

「ゼウスとエウロパ」のモザイク画♦
2世紀後半〜3世紀初頭
県立アルル古代博物館　フランス

Putto

プットー

◆ギリシア神話のエロスに由来し、神や聖人につき従う幼児の姿で石棺彫刻などに用いられた。
◆ローマ帝国でキリスト教が公認されると「天使」の図像として、絵画や彫刻に表された。
◆近世には室内装飾や工芸に多用された。

▶ 魚釣りをするプットー
《ネプトゥヌスとアンフィトリテの凱旋》のモザイク画より
イタリア出土　4世紀前半　ルーヴル美術館　フランス

愛らしく躍動感にあふれた幼児たち

プットー（童子）は、ギリシア神話の美の女神アフロディテの子、エロスに由来する。ギリシアでは愛の神として青年で表現されたエロスは、やがてローマで幼児の姿として表され、プットーと呼ばれるようになった。

紀元前三世紀頃のローマの石棺彫刻には、神話の登場人物たちを取り巻く、躍動感のある存在としてプットーが多用された。三世紀初頭頃になると、ふくよかな顔立ちに小さな翼を備えた愛らしい幼児の姿で、キリスト教徒の石棺彫刻にも主要なモティーフとして頻繁に登場する。三一三年にローマ帝国でキリスト教が公認されて以後、プットーは「天使」の図像としてキリスト教美術に受容され、聖家族や聖人たちとともに絵画や彫刻に数多く表された。

ルネサンス後期以降は、一見して男児か女児かわからないように表されるようになる。十八世紀には、華やかさを演出する室内装飾としてプットーの彫像が大量に制作された。また、鳥や草木、花々と無邪気に戯《たわむ》れる姿は陶器の絵柄として好まれ、縁《ふち》取りにもしばしば描かれている。

▲ 戯れるプットーたち

ブドウの果実を手に取ったり、竪琴をつま弾くプットーたちの姿が愛らしい。

プットーの浮彫◆　カメオ・ガラスのアンフォラより
１世紀　イタリア出土　ナポリ国立考古学博物館
イタリア

▲ 縁取りにプットーが並ぶ八角皿　1786年
ヴィクトリア・アンド・アルバート博物館　イギリス

Cornucopia

コルヌコピア

◆ギリシア神話に由来する豊穣の角。
◆角から野菜や果物があふれ出るように描かれ、収穫の豊かさを表す。
◆近代にはイラストのデザインとしても登場。

▶ コルヌコピアを抱える人物のモザイク♦ 500～550年頃 メトロポリタン美術館 アメリカ

あふれ出る穀物や果実は豊かさを表す

コルヌコピアは「豊穣の角《つの》」や「収穫の円《えん》錐《すい》」とも呼ばれる、角状の装飾である。ギリシア神話では、ニンフのアマルテイアによって山羊の乳で育てられたゼウス[*1]は、その返礼に山羊の角を与えた。この角には、持ち主に望みのものを与える力が宿っていたという。ディオニュ[*2]ソスもこの角から湧き出る食物によって育まれた。これらの神話が祖型となり、コルヌコピアは大地の生産力や実りの豊かさを意味するようになった。角から果物や野菜があふれるように盛り上げて描かれることが多いのも、収穫の豊かさを予祝する意味であろう。さらに、そこから転じて富や財産の豊かさをも象徴する。

近代以降には、柳を編んで作った角形のバスケットもコルヌコピアとされ、現在に至るまでポスターやイラストなどに広く用いられている。

▲ 壁紙モティーフとしてのコルヌコピア♦ 19世紀後半 ヴィクトリア・アンド・アルバート博物館 イギリス

▲ コルヌコピアから「豊穣」の種をまく妖精♦ 19世紀

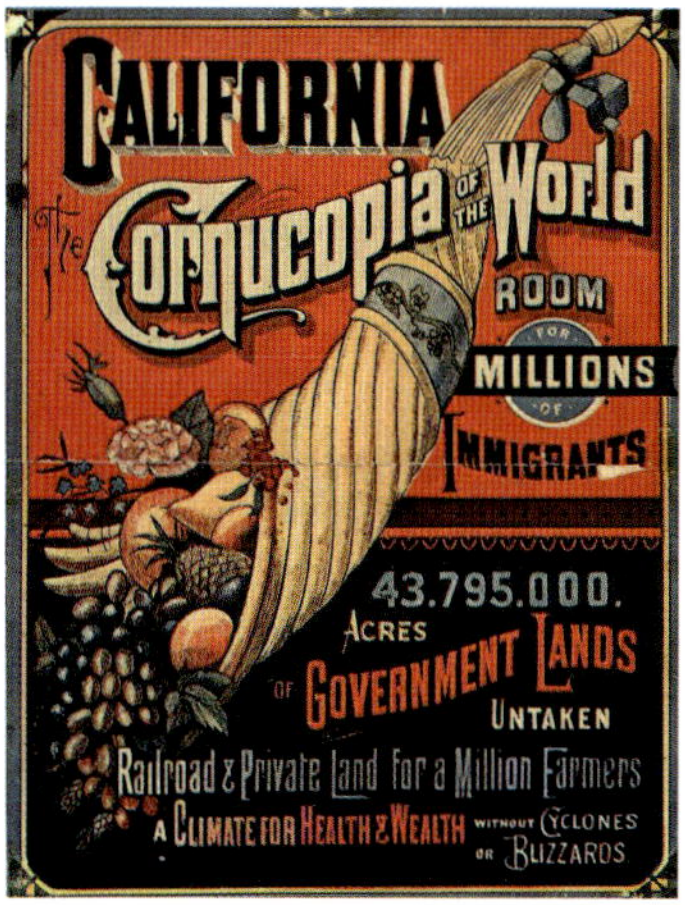

▲ カリフォルニアへの移民誘致ポスターに描かれたコルヌコピア 19世紀

＊1 子によって命を脅かされると予言された父クロノスは赤子を次々と飲み込んだが、ゼウスは母レイアによってクレタ島にかくまわれた。
＊2 ギリシア神話に登場する豊穣と酒の神。ローマ神話ではバッカスとも呼ばれる。

第2章

中世

5〜14世紀

キリスト教信仰に根づく装飾様式が次々と誕生

古代と近代に挟まれた中世は、西ローマ帝国の滅亡（四七六年）から東ローマ（ビザンティン）帝国の滅亡（一四五三年）までの一千年間。およそ五つの時代様式が展開します。

アルプス以北の①「ケルト、ゲルマン」の「北方の文様」では、特徴的な「アニマル・スタイル」と呼ばれる「動物文様」が、戦士の装身具から聖書の写本装飾にまで、一千年以上にわたって表現されてきました。ユーラシア大陸の草原からヨーロッパに来た、騎馬民族の動物神崇拝の自然観を受け継いでいる東西横断の壮大な歴史をかいま見ることができます。

そして、ケルトやゲルマンの北方民族と地中海世界が交流し始める②「民族移動期」と③「初期キリスト教」の様式、東方とヨーロッパをつないだ「ビザンティン」、キリスト教精神を映し出す④「ロマネスク」と⑤「ゴシック」

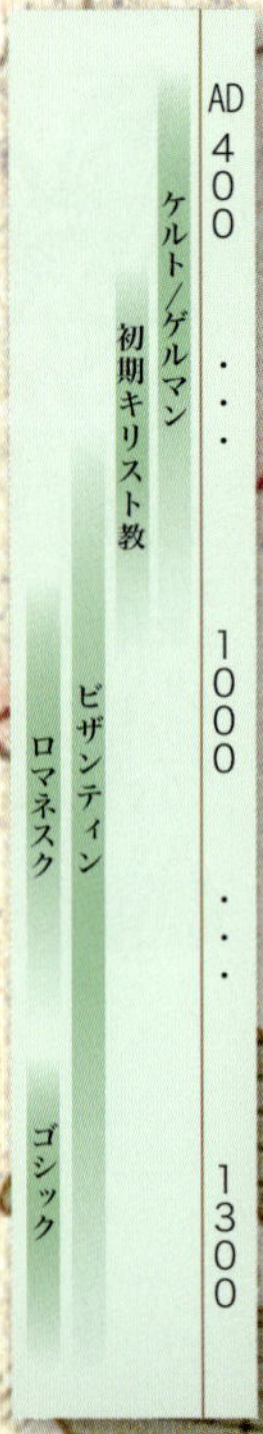

民族移動期／ゲルマン／ヴァイキング

超越的な力を持つと信じられたドラゴンなどの動物意匠、神々の世界につながるとされた聖樹などに特徴がある。

軍旗の先端に取りつけられていたドラコ
3世紀　コブレンツ考古学博物館　ドイツ
（62頁）

初期キリスト教／ビザンティン

初期キリスト教時代は、キリストを象徴する動植物が信者に教義を伝える重要なシンボルに。東ローマ帝国では金彩モザイクなどを用いた装飾性の強いビザンティン様式が主流となる。

磔刑のキリストのモザイク壁画　1110年頃
サン・クレメンテ教会　イタリア （80頁）

コンスタンツァの霊廟の天井画
4世紀頃　サンタ・コンスタンツァ聖堂
イタリア
（65頁）

の様式があります。中世のグラフィック・デザイナー、修道士が描く聖書の彩飾写本、神の家にして救済の船である大聖堂建築の装飾とステンドグラスやエマーユ（七宝）の輝き、宮殿を飾るタペストリー（タピスリー）まで、キリスト教会の権威と、封建領主や王権の保護のもとに、聖俗の両世界で豪華な装飾美術が生まれました。

十一世紀後半からは十字軍遠征がオリエント世界とヨーロッパを結ぶ東方貿易を発展させ、高度なイスラームの技術とデザインも紹介されて、聖堂のアーチや金銀細工、絨毯など、ゴシック以降の装飾美術に影響を与えていくのです。

ケルト / ゲルマン

流動的でダイナミックな造形が神秘性を醸し出す渦巻・組紐・動物文様が特徴。

トゥンク・ページの頭文字『ケルズの書』より 800 年頃 ダブリン大学 / トリニティ・カレッジ図書館 アイルランド（59 頁）

ロマネスク

聖堂建築の発展に伴い、聖書に登場する人物のほか、セイレーンやグリーンマンなど空想上の生き物が生き生きとした姿で柱や壁を飾った。

グリーンマン 13 世紀 バンベルク大聖堂 ドイツ（87 頁）

ゴシック

天に向かう尖塔アーチの発明で聖堂の窓を飾るステンドグラスが発展。聖母マリアや王権の象徴であるユリなど、信仰に深いつながりを持つ装飾と意匠が隆盛をきわめる。

S・マルティーニ《受胎告知》 1333 年 ウフィツィ美術館 イタリア（88 頁）

Interlace

第2章 中世

組紐（インターレイス）

ケルト

◆複数の紐を隙間なく複雑に編んだ文様。
◆諸文明でも「豊穣・多産」の御守りとされた。
◆ケルト文化とキリスト教文化の間をつなぐ「聖なるしるし」でもあった。

▶『ダロウの書』の組紐装飾
A・ラシネ『世界装飾図集成』

生き物のようにうごめく紐状の文様

ケルト組紐《くみひも》文様は、三つ編み、ないしそれ以上の本数の紐が複雑に隙間なく編まれた文様パターンで、渦巻《うずまき》状の回転構造を持つ。まるで無機物である紐が生き物のように成長しうごめく形が特徴的である。

ヨーロッパの古代と中世初期までの紐状の文様として、地中海地方では古代ローマの床モザイクの「ひねり紐」（48頁）や、ランゴバルト美術*の装飾があり、小アジアのシリアの初期キリスト教の石彫にも見られる。これらの地中海のタイプには明るい「隙間」があり、ゆったりとした印象である。それに対して北方的なケルト組紐文様には神秘的なダイナミズムといった表現性が備わっている。

二つの文化をつなぐ象徴的な結び目

ケルト組紐文様は、中世ケルト・キリスト教修道院や辻に建てられた「ケルト十字架」に多数刻まれ、しばしば聖書の写本の縁《ふち》取りにも空間を占め、図像以上に圧倒的である。「組紐」は「結び目」と同じように諸文明のなかで「邪《じゃ》を払う豊穣・多産のシンボル」として、仏教では不空羂索観音《ふくうけんじゃくかんのん》が手に持ち、ヨーロッパでは婚礼の寝台に結ばれた聖なる「御守り」でもあった。

古来「文様」は「聖なるしるし」であり、ケルトの修道士はそうしたキリスト教受容以前のケルト社会で信仰されていた「護符」を、キリスト教の十字架にも刻んだ。それによって土着的な異教文化と、普遍的な宗教となるキリスト教文化の間を、まさに組紐や結び目のようにつない

▶「結び目」を鮮やかに浮き立たせる「ノット・パターン」

「ケルト三大写本」のひとつである『ダロウの書』では、「結び目（ノット）」を強調した「ノット・パターン」が見られる。赤と黄の結び目のまわりを緑の紐がゆるやかに囲んでいる。

『ダロウの書』の組紐装飾
A・ラシネ
『世界装飾図集成』

＊ 6世紀の北イタリアに定着したゲルマン系のランゴバルト王国で発展した美術。

▲ケルト装飾の真骨頂

「ケルト三大写本」に数えられる『リンディスファーンの福音書』より、カーペット・ページ（各福音書の彩飾のみの頁）の組紐装飾。無数の紐が複雑かつ繊細に隙間なく絡み合うさまが、ケルト装飾の神髄を表している。

カーペット・ページの組紐装飾　『リンディスファーンの福音書』より　698年頃　大英図書館　イギリス

だのである。

　それは写本芸術や金属工芸にも発揮され、十九世紀末のアイルランドやスコットランド、ウェールズなどでリヴァイヴァルした。現代ではヨーロッパ伝統の文様として、ジュエリーやステンドグラス、タトゥー（刺青《いれずみ》）にまで描かれ、ケルトの装飾文様の代表として知られている。

▼石の十字架基部の周囲装飾◆
O・ジョーンズ『装飾の文法』

▲近代にもリヴァイヴァルしたケルト十字架の組紐文様

第2章

中世

渦巻（スパイラル）

ケルト

Celtic Spiral

◆無限に連動する渦巻が、神秘的かつ有機的なうごめきを表す。
◆古代ケルトの金工美術をはじめキリスト教の写本芸術に数多く見られる。
◆19世紀末に復興し、アール・ヌーヴォー様式や現代のデザインにも取り入れられている。

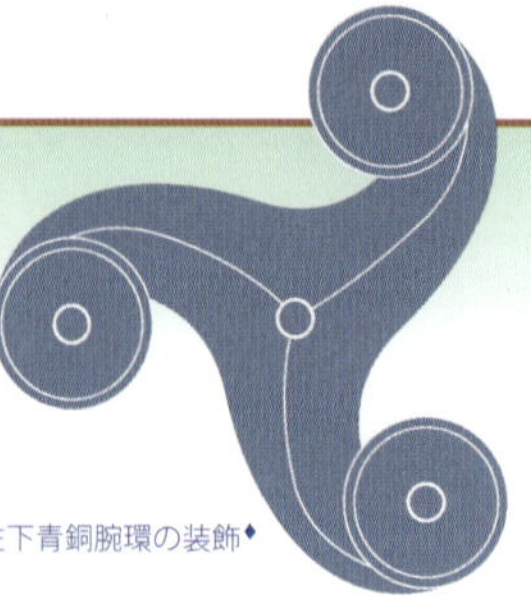

▲左下青銅腕環の装飾

ケルトの生命観を反映した独特の渦巻文様

『ダロウの書』（六八〇年頃）、『リンディスファーンの福音書』（六九八年頃）、『ケルズの書』（八〇〇年頃）など、中世ケルト・キリスト教時代の彩飾写本を特徴づけるケルト渦巻《うずまき》文様は、紀元前五〇〇年頃の古代ケルト美術「ラ・テーヌ様式」にさかのぼる。ケルト渦巻文様は神秘的なうごめきを見せる。単純なコイル状の螺旋《らせん》ではない、渦巻と渦巻の間をしなやかにつなぐ弧状のトランペット・パターンが組み込まれているためである。

古代ケルト美術は、ブリテン諸島各地から発掘される青銅や黄金の金工美術が特徴的で、キリスト教写本芸術のキリストの御名《みな》のモノグラム（XPI、78頁）や、典礼用聖杯、装身具のブローチにまで、洗練された渦巻文様が表現された。そこには霊魂不滅や、自然を変容的なものとして見るケルト伝統の生命観が反映されている。

近現代のデザイン分野で復活

十九世紀末、渦巻文様は組紐《くみひも》文様（54頁）や動物文様（58頁）とともにアイルランドやスコットランドでリヴァイヴァルし、アール・ヌーヴォーにも影響を与えた。ジュエリー、パッケージ、Tシャツなど、第二次ケルト・リヴァイヴァルともいうべき現代のデザインシーンでも復活し、神秘的で有機的なフォルムが世界中を魅了している。

▲三つ巴の渦巻装飾が施された青銅腕環♦
フランス出土　3世紀後半　サンジェルマン・アン・レー国立考古学博物館
フランス

▲「トリスケル（三つ巴状のケルト文様）」が刺繍された現代の座布団
（フィニステール先史博物館受付嬢）
フランス

▲ 無数にうごめく渦巻が圧巻

キリストを示すモノグラム「XPI」のまわりでうごめくように、無数の渦巻が分裂と増殖を無限に繰り返している。

『ケルズの書』より 800年頃 ダブリン大学/トリニティ・カレッジ図書館 アイルランド

絡み合う動物たちが生み出す生命のダイナミズム

動物文様（アニマル・スタイル）

❖ユーラシアに広まった遊牧系騎馬民族の意匠

北方ユーラシア地域に広まった幻想的動物の文様である。馬、犬、鳥などがうねるように躍動し、複雑に絡み合う形態が特徴。目は杏《あんず》形か円形。関節部に杏形や渦巻《うずまき》形が付されることが多く、蹄《ひづめ》は箒《ほうき》の先端のような房状に表されることもある。

「アニマル・スタイル」の起源については、スキタイ／シベリア説があり、先史遊牧・騎馬民族が行き交った中央ユーラシア草原地帯から、シャーマニズムの宗教を持つアルタイ、シベリアにわたる地域で生まれたとされる。ユーラシア東部ではモンゴルや中国東北部のオルドス美術に見られ、日本の古墳時代における剣の柄《え》の装飾にも影響がおよんでいる。

さまざまな動物文様

動物の生命力と躍動感が見事に表されている。

◀ケルト十字架で2体が向き合うタイプ
アバーレムノの十字架
O・ジョーンズ『装飾の文法』より

◀文字を装飾するタイプ
『ケルズの書』より

◀絡み合うタイプ
『リンディスファーンの福音書』より

◀複数がチェーンつなぎになるタイプ
『ダロウの書』より

❖ケルト文様との融合から生まれた「動物組紐文様」

ヨーロッパにおいては、黒海周辺の騎馬民族スキタイ人の美術（紀元前六～前三世紀）が、紀元前四世紀以降、のちにゲルマン民族の大移動を誘発したフン族の侵入などで伝わり、ケルト美術（金工美術）に影響した。組《くみ》紐《ひも》文様（54頁）と結びついた「動物組紐文様」が、民族移動期のゴート人が制作した「留金《とめがね》」（六～七世紀、左頁）のデザインに顕著となる。

ブリテン諸島では、キリスト教化以前に大陸から伝播したケルト美術の曲線を特徴とする「ラ・テーヌ様式」の渦巻文様（56頁）と動物組紐文様が融合し、繊細きわまるハイバーノ＝サクソン様式（61頁注）が創り上げられた。

動物組紐文様のタイプは、キリスト教美術に受け継がれ、中世彩飾写

▲秀逸をきわめる文字と怪物の組み合わせ

頭文字「T」と怪物が一体になった『ケルズの書』の装飾。文字と怪物（動物）を組み合わせ、両義的な意味を持たせる表現はケルト美術の真骨頂といえる。

トゥンク・ページの頭文字 『ケルズの書』より 800 年頃 ダブリン大学／トリニティ・カレッジ図書館 アイルランド

▶ウルネス様式の流麗な曲線美

「ウルネス様式」の由来となった教会の木彫の動物文様。北欧神話の世界樹（ユグドラシル、76頁）の根と、それを食《は》む鹿が作り出す曲線美が目を惹きつける。

教会外壁の動物文様の木彫装飾 12 世紀 ウルネスの木造教会 ノルウェー

▲組紐の渦に潜む鳥

長さ13.2 センチほどの留金に所狭しと施された組紐文様。目を凝らすと所々にくちばしを持った鳥、あるいは怪物の姿が見えてくる。出土したサットン・フー（イギリス）では同様の動物組紐文様や動物文様が施された武具、金工品が多数見つかっている。

黄金の留金 イギリス出土 7 世紀 大英博物館 イギリス

◀ミュシャのポスターにも登場

女優サラ・ベルナールのために描いたポスターの上部アーチには、『ケルズの書』の動物組紐文様が用いられている。19 世紀末のアーツ・アンド・クラフツ運動でリヴァイヴァルしたケルト文様の影響が色濃い。

A・ミュシャ《ハムレット》1899 年

本で洗練の頂点を画す。『ダロウの書』、『リンディスファーンの福音書』、『ケルズの書』の三大写本（56頁）は、聖書の内容にかかわらず、動物の躍動を表している。ユーラシアの草原地帯の遊牧や騎馬の民の、動物を神々と見る信仰が、文様美術としてケルト系修道院文化にまで伝わった証拠である。

スカンディナヴィアでは中世の「ヴァイキング美術」でも動物組紐文様が盛んで、ノルウェーの「ウルネス様式」（十二世紀）が生まれ、スウェーデンのゴトランドの石のモニュメントなどにも見られる。これらの動物文様の魅力は、アルフォンス・ミュシャなど近現代の画家、デザイナーに大きな影響を与えた。

Topic

敬虔な信仰心と緻密な手作業で
紡ぎ出すキリスト教の装飾芸術

彩飾写本

Illuminated Manuscript

▲ **金色の組紐装飾が優美な
オットー朝様式写本**

スイス、ドイツ、オーストリアの3ヵ国に面したボーデン湖のライヒェナウ島は、オットー朝様式の写本制作の中心地であり、970年頃から1020年頃にかけて優れた彩飾写本を数多く生み出した。金字を多用した硬質な描線が、ライヒェナウ派の特徴である。

オットー朝様式の写本扉絵　981年頃

異なる時代と地域で多様な様式が誕生

彩飾写本は、ステンドグラスとともに中世キリスト教世界を彩る宗教美術である。美しい書体、色彩豊かな文様と挿絵、豪華な装丁を施し、今も見る者を強く惹きつけてやまない。

六世紀頃から盛んに制作され、ビザンティン帝国で盛行した紫羊皮紙写本群、ブリテン諸島で展開したハイバーノ=サクソン様式[*1]（六〜九世紀）、金泥文字が特徴的なカロリング朝様式（八〜九世紀）、古典的な建築意匠と複雑化した組紐《くみひも》文様で知られるオットー朝様式（十〜十一世紀）など、さまざまな様式の写本が各地で成立した。

また中世後期には制作の中心が修道院から都市の工房へと移行し、写実的傾向が強まった。なお、活版印刷術が登場してからも、挿絵や縁飾り自体は手彩色によって行われた。

厳格な信仰心が反映された装飾

一般に、彩飾写本の特徴はその装飾性にある。とくに、中世前期の複雑きわまる装飾は奔放なまでの躍動感にあふれており、しばしばヨーロッパを代表する装飾美術として紹介される。ただし、それがいかに「装飾的」で「奔放」であろうとも、全体の構図は決して無秩序ではない。個々の装飾は、幾何学的な枠組みによって明確に割り付けされているのである。中世の彩飾写本とは、あくまでキリスト教芸術に属するものであり、そこには聖書解釈に基づく明確な秩序感覚が存在している。実際、文字や装飾は個々の枠内を埋め尽くしながらも輪郭線を逸脱

◀白いブドウ蔓が文字と複雑に絡み合う

アカンサス（30頁）やロゼット（16頁）など古代ローマ風の装飾が好まれた同時期のヴェネツィアやパドヴァとは対照的に、15世紀のフィレンツェを中心とした地域では、青地に三ツ組の白い斑点を伴うブドウ蔓《つる》を主体とするスタイルの彩飾写本が流行した。

白蔓草式イニシャルS装飾
プリニウス『博物誌』より　1460年頃
イタリア

▼金と宝石をふんだんに用いた贅沢な写本装丁

高度な金工技法を駆使した豪華な装丁も、彩飾写本の大きな魅力である。金属製の装丁板に、象牙や宝石、エマーユ（七宝）などをはめ込むのは、カロリング朝以来の伝統であった。

福音書の装丁　1220～30年頃　ドイツ

せず、色とりどりの彩色も決して相互に混じり合うことはない。*2 そこには旺盛な装飾意欲とともに、厳格な信仰態度が反映されていると見るべきである。生命力の横溢《おういつ》した個性ある装飾と、それを厳然と統御しようとする輪郭線。彩飾写本の魅力とは、両者のせめぎ合いのなかにこそ見出せるといえよう。

*1 「ケルト系写本」と呼ばれてきた写本群に相当する。
*2 濃淡のある配色や、輪郭線を乗り越えて文字に絡まりつくような縁飾りが登場するのは、工房が都市にも生まれる中世後期以降である。

Dragon

ドラゴン

◆オリエントのほか、ダキアからローマに伝わった軍旗ドラコも形態のモデル。
◆狼頭蛇体を基本に、トカゲやワニなどさまざまな合成獣である。
◆キリスト教では異教の象徴として邪悪さが 強調されてきた。

▲《赤い竜》◆ ウェールズ旗より

▲ ドラゴンの起源となった軍旗の装飾「ドラコ」

ローマ軍の駐屯していた城塞跡から出土した「ドラコ」。頸部以下には布製の吹流しを取りつけていたと思われる。

軍旗の先端に取りつけられていたドラコ 3世紀
コブレンツ考古学博物館 ドイツ

蛇体のドラコから手足のあるドラゴンへ

ドラゴンのデザインは古代オリエントの諸地域、ササン朝ペルシアやパルティア、サルマタイなどからヨーロッパに伝わった軍旗の形式を源流に持つ。ローマ皇帝トラヤヌス（在位九八～一一七年）によるダキア王国（現ルーマニア）の征服がその西方伝播における画期であった。戦いの様子はローマに現存するトラヤヌス記念柱に残されている。ダキア兵団が掲げる軍旗を「ドラコ」と称し、狼頭あるいは蛇頭のような頭部に布製と思われる長い胴体をつけ、旗竿の先で吹流しのように用いた。これがローマ帝国の軍団にも取り入れられ、ヨーロッパ各地に伝播していったと考えられる。

また北ヨーロッパではドラゴンはヴァイキング船の舳先《へさき》や、のちにノルウェーなどのスターヴ教会において棟飾《むねかざ》りとして用いられた。

悪魔的なイメージと聖性を併せ持つ

西ヨーロッパにおけるドラゴンは、キリスト教の浸透以降、次第に異教や悪魔の化身とみなされるようになった。『黄金伝説』*には、カッパドキアの聖ゲオルギウスが人喰いドラゴンを退治し、王の娘を救い、異教の村を改宗した物語が記されている。聖ゲオルギウスの伝説は、キリスト教によってドラゴンが邪悪でおぞましい怪物、異教の象徴におとしめられたことを物語っている。

一方、ウェールズの象徴である「赤い竜（ア・ドライグ・ゴッホ）」やヴァイキングの末裔《まつえい》を任じる北ヨーロッパの諸国などでは、ドラゴンの超越的な力やその聖性に対する畏敬が、今日まで生き残っている。

＊ 13世紀にジェノヴァ大司教が筆録した、キリスト教聖人伝の集成。

▲ヴァイキングの船首から転用された棟飾り

ヴァイキングの時代から1世紀以上を経た12世紀から14世紀にかけて、ノルウェーでは木造教会が多数献堂された。「スターヴ」とは「垂直の支柱」を意味するノルウェー語であり、これらの教会建築を「スターヴ教会」という。雪の重みに耐える強固な木組みはヴァイキング船の流れを汲むとされ、かつて船首を飾っていたドラゴンが棟飾りとして用いられた。

ドラゴンの棟飾り　1150年頃　ボルグン・スターヴ教会　ノルウェー

▲聖ゲオルギウスとドラゴン《聖ゲオルギウスの祭壇画》（部分）
15世紀初頭　ヴィクトリア・アンド・アルバート博物館　イギリス

◀タピスリーにも姿をとどめる「ドラコ」

ノルマン人によるイングランド征服を描いた、11世紀ヨーロッパを代表する刺繍作品。イングランド王ハロルド2世（在位1066年）が敗死する「ヘイスティングスの戦い」の場面には「ドラコ」が表されている。

《バイユーのタピスリー》のドラコ　1066年頃　バイユー美術館　フランス

神々や皇帝を表した東アジアの龍

龍は古代より、自然界のエネルギーを象徴する霊獣として中国をはじめ東アジア各地において崇められ、神々や皇帝、天皇などの権威を表す意匠とされた。

その姿は「龍に九似あり」といわれ、角《つの》は鹿、頭は駱《らく》駝《だ》、目は兎《うさぎ》、耳は牛、うなじは蛇、腹は蜃《しん》、鱗《うろこ》は鯉《こい》、爪は鷹、掌は虎に似る、などとされた。中国における龍の意匠は、北宋代の11世紀末頃より民間の使用が制限され、清代（17～20世紀初頭）には二角五爪のものだけが皇帝を表す龍とされた。それ以外の姿形のものは「蟒《ぼう》」と呼んで区別されたのである。また近世の日本においては、水の神、雨の神としても信仰された。その意匠は寺社建築の木彫や染織などの吉祥《きっしょう》文様としても多用された。

▲《赤地龍瑞雲嶮山文様繻珍唐御衣裳》（あかじりゅうずいうんけんざんもんようしゅちんとうおいしょう）（部分）
〔国宝〕琉球　19世紀頃　那覇市歴史博物館　沖縄県

Grape

ブドウ

初期キリスト教

- ◆古来、多産と豊穣を象徴するモティーフ。
- ◆キリスト教世界ではワインが聖体の神秘を表し、ブドウは「生命の樹」ともされた。
- ◆近世のアーツ・アンド・クラフツ運動では、中世の葡萄唐草の文様が復興した。

▶草花文レリーフタイル 19世紀
INAX ライブミュージアム / 世界のタイル博物館　愛知県

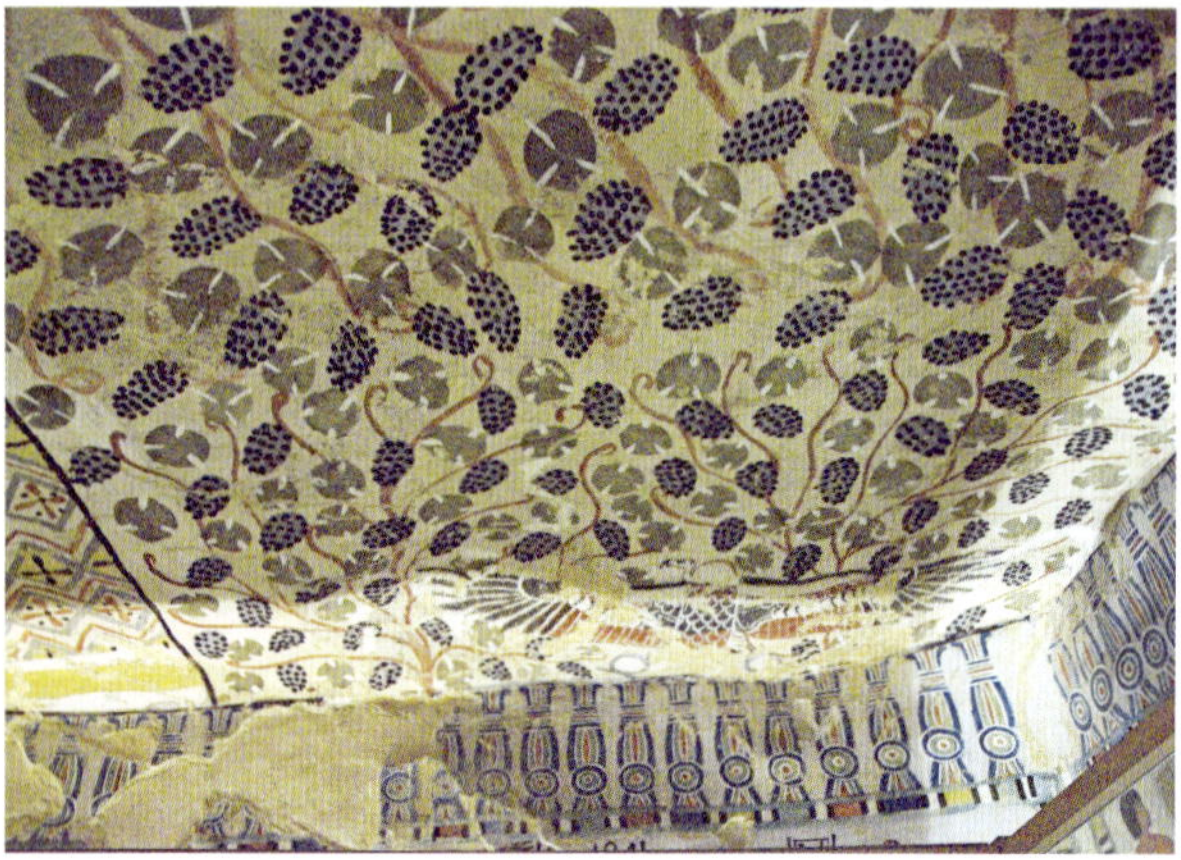

▲ブドウ棚を思わせる墓の天井画

古代エジプト第18王朝時代のテーベ市長、センネフェルの地下墓に描かれたブドウの樹。天井一面に描かれたブドウは、墓のなかにいながらまるでブドウ棚の下にいるかのよう。

センネフェルの墓の天井画　第18王朝　エジプト

キリスト教では聖体を象徴する重要な意匠

ブドウは、たわわに実る果実が多産や豊穣を連想させるため、きわめて古くから各地で装飾意匠として用いられてきた。また古代ギリシアでは、各種の壺絵や石造彫刻などにおいて、酒や祝祭の神ディオニュソスとともに表現されることが多かった。

キリスト教がヨーロッパに広く浸透していくなかで、ブドウ（ワイン）はパンとともに聖体の神秘を象徴する重要なモティーフとなる。当初は、古代の世俗的な装飾を直接借用することが多かったものの、次第にキリスト教信仰の中心的意匠として豊かな展開を遂げていった。例えば中世後期に登場する「聖樹・生命《せいめい》の樹（76頁）」タイプの十字架は、その多くがブドウ樹として表現され、彩飾写本（60頁）でも蔓《つる》状に伸びるブドウが数多く描かれた。

空間を埋め尽くす唐草文様としても展開

またブドウは、いわゆる「唐草文様」の代表的なモティーフでもあった。この文様は、造形的に絡み得る可能性を常に孕《はら》みながら蔓状に展開する植物文様の総称であり、葉の種類やその展開パターンはきわめて多様である。いずれも地の部分や空間を埋めるために用いられ、あらゆる方向へ自由に展開して空間を覆い尽くしたり、他の意匠に絡みつかせることもできる。

もともと蔓状の樹枝を持つブドウは、唐草文様のこうした特質に最も適した植物であった。

▲《エレミヤの祝福》 ウィンチェスター聖書より
1160～75年 ウィンチェスター大聖堂図書館 イギリス

◀故人を護《まも》る葡萄唐草

コンスタンティヌス帝の娘コンスタンツァのまわりで、プットー（50頁）がブドウを収穫している。初期キリスト教時代には、異教時代のさまざまな図像がキリスト教神学のなかで読み換えられた。古代から豊穣の象徴であったブドウは、キリスト教信仰で聖樹としての性格を獲得した。

コンスタンツァの霊廟の天井画 4世紀頃
サンタ・コンスタンツァ聖堂 イタリア

中世に盛行した葡萄唐草《ぶどうからくさ》は、十九世紀のゴシック・リヴァイヴァルやアーツ・アンド・クラフツ運動のデザイン創造の潮流のなかで、再び積極的に用いられていった。

◀縁を埋め尽くす細緻な葡萄唐草

アーツ・アンド・クラフツ運動の唱道者ウィリアム・モリスは、中世写本とグーテンベルクに始まるインクナブラ（最初期の活版印刷物）を理想として、1890年にケルムスコット・プレスを創設。この印刷工房から刊行した『ジェフリー・チョーサー作品集』でブドウは頁を埋め尽くす縁飾りとして華麗に描かれている。

W・モリス（デザイン）『ジェフリー・チョーサー作品集』（ケルムスコット・プレス）1896年
大阪芸術大学 大阪府

Fish 魚

初期キリスト教

◆ギリシア語でキリストを示す文の頭文字が「魚」になることから、その象徴とされた。
◆魚の骨に見立てた「ヘリングボーン」は石垣や敷石、ツイードのセーターなど、現代でも多用されている。

▶キリストを象徴する魚のモザイク画　5世紀　パンと魚の奇跡の教会　イスラエル

▲魚の骨に見立てた「ヘリングボーン」の外壁

「ヘリングボーン（ニシンの骨）」の名で知られるこうした積み方は、「オプス・スピカトゥム（穂状積み）」とも呼ばれ、麦穂に見立てられる場合もある。

ペリエール・スル・ル・ダン教会の外壁　フランス

骨までもが文様の素材に

農耕・牧畜を基盤とするヨーロッパでは、魚類の意匠はきわめて少ない。ただし、ギリシア語で「イエス・キリスト、神の子、救世主」の頭文字を並べると、魚を意味する単語「イクトゥス」（ΙΧΘΥΣ）となることから、三〜五世紀の初期キリスト教美術では、モザイク画や写本を中心に魚がキリストの象徴として多用された。

一方、全く別の発想に基づいて魚に見立てた意匠も存在する。例えば、石垣や煉瓦《れんが》積み、敷石やタイルによる舗装、さらには染織品や籠《かご》細工などにおいて、中心軸を挟んでV字状に斜線を連ねたパターンは、伝統的に「ヘリングボーン（ニシンの骨）」と呼ばれる。これは日本の杉綾文《すぎあやもん》や矢筈文《やはずもん》に相当するが、ヨーロッパでは魚の骨に見立てられてきた。北海をはじめヨーロッパ近海に数多く生息するニシンは、古来最も身近な魚のひとつだったのである。文様の命名には、さまざまな文化的伝統が介在していることを、この例は教えてくれる。

▲上：ハリスツイードのセーター（＊）に見るヘリングボーン　下：日本の矢筈文♦

＊ ツイードは、羊毛の手紡ぎ糸を平織ないし綾織で編み上げたスコットランドの毛織物に由来する。なかでも「ヘリングボーン」は、千鳥格子状の「ハウンドトゥース（猟犬の歯）」と並ぶ代表的なツイードの織柄である。

Lamb

◆子羊は無垢と敬虔の象徴としてキリスト教美術において重要視された。
◆磔刑図を忌避した初期キリスト教時代、キリストは「神の子羊」として十字架を伴う姿で絵画などに描かれた。

▶ 神の子羊としてのキリスト♦ 15 世紀 神の子羊宮殿 イタリア

▲ 儀式に供される羊 アパダナ東階段のレリーフより
前6世紀頃 ペルセポリス イラン

キリスト教で「犠牲」を表す特別な存在

羊は、キリスト教図像学においてさまざまな象徴性を有する存在である。例えば、神への信仰を誓う信徒は羊の群れで表現され、その羊たちを導く「善《よ》き羊飼い」は、キリストの象徴である。

また子羊は、汚れのない無垢な存在としてとくに重要視される。そこには、古代より連綿と続く「犠牲としての羊」というイメージも投影されており、磔刑《たっけい》像を直接表現することが憚《はばか》られた初期キリスト教時代には、キリスト自身が十字架（80頁）を持つ子羊の姿で表現される場合が少なくなかった。とくに五世紀以降には、後光を背負う子羊の図像が成立し、槍《やり》形の十字架を脇に置くスタイルが広く流行した。

中世に数多く制作された壁龕《へきがん》彫刻や聖遺物《せいいぶつ》箱、彩飾写本などには「勝利の子羊」と呼ばれる十字架を伴う子羊像が登場し、しばしば『ヨハネの黙示録《もくしろく》』の四つの生き物（ライオン〔70頁〕、鷲《わし》〔72頁〕、牛〔69頁〕、人間）に囲まれている。

▲イスラーム風の天使や聖人に囲まれた羊

イスラームの支配を受けたイベリア半島のキリスト教徒は「モサラベ」と呼ばれ、8～11世紀にかけてイスラーム文化と混交した「モサラベ様式」が成立した。円の中央に十字架を持つ子羊が見える。

勝利の子羊 モサラベ様式の写本より 1109年
サント・ドミンゴ・デ・シロス修道院 スペイン

Pig/Wild Boar

豚／猪

◆中世の流行病を救った聖アントニウスにつき従う忠実なお伴。
◆家畜化と聖人崇拝のなかで、肯定的な豚のイメージが定着した。

▶青銅製猪像　フランス出土　前1世紀

▲猪の特徴をとらえ程よくデフォルメ

クラテルの胴部いっぱいに描かれた2頭の向かい合う猪。デフォルメをしつつも、たてがみや下あごから伸びる牙など猪の特徴をよくとらえている。

赤像式クラテル　ギリシア出土　前6世紀
メトロポリタン美術館　アメリカ

好悪のイメージが逆転

豚、およびその原種である野生の猪《いのしし》は、多産や豊穣を約束する動物であり、とくに鉄器時代後期ではその傾向が顕著だった。また、古代ギリシアでも陶器などに猪は盛んに描かれ、神話にも獰猛《どうもう》な神の使いとして登場する。

中世では猪と豚の動物学上の境界は曖昧《あいまい》だったが、両者はきわめて対照的な存在であった。猪が狩りの際に対決すべき「勇敢な動物」であったのに対し、豚は「卑《いや》しく貪欲で不浄な獣」とみなされていた。しかし十二世紀以降、豚は家畜化の進展とともに有益な動物へと変わってゆく。また、聖アントニウス修道会は貧者に肉を振る舞う目的で豚の飼育を行っていたが、豚の脂身が麦角《ばっかく》*中毒に効くことがわかると、豚は聖アントニウスにつき従う「性格の良い忠実なお供」として肯定的に解釈されていった。

一方、人間に飼い馴らされない野生の猪は、獰猛な獣や悪魔の化身というイメージが次第に強化されていった。

▲《聖アントニウス》の版画♦　1540年

＊当時猛威を振るっていた疾病。麦角菌に汚染されたライ麦パンを媒介する。

Bull

牛

先史 初期キリスト教

◆古来、豊穣の神として信仰された。
◆翼を生やした姿で聖ルカを象徴。

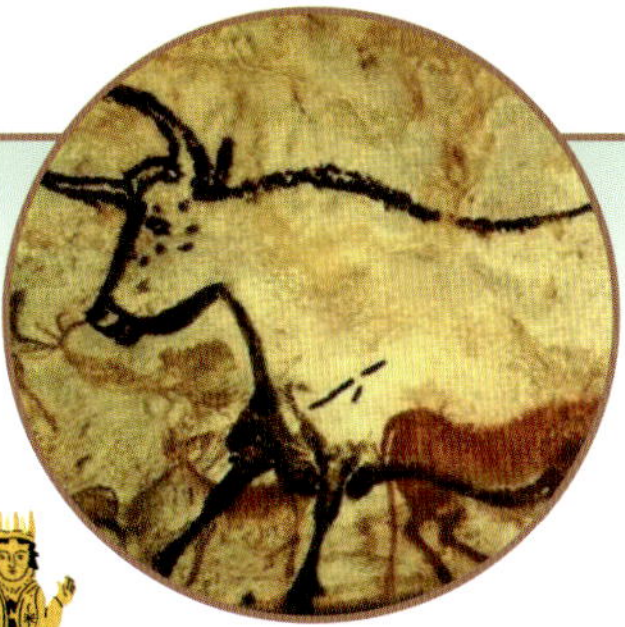

▶ 牛の洞窟壁画　石器時代
ラスコー洞窟　フランス

豊穣の神として古くから信仰された

ヨーロッパでは、牛はきわめて早い段階から人々とともにある動物であった。スペインのアルタミラやフランスのラスコーなどの旧石器時代洞窟壁画には、馬や猪《いのしし》、トナカイなどとともに描かれている。

▲ 豊穣を約束する犠牲獣

角《つの》に飾りをつけた牡牛が犠牲獣として祭壇に連れてこられた場面。古代ギリシアの壺絵には、豊穣を約束する獣として牛が盛んに描かれた。

犠牲獣としての牛◆　赤像式クラテルより　ギリシア出土　前5世紀
ウィーン美術史美術館　オーストリア

▼ 聖ルカの象徴としての牡牛◆
カリストゥスの洗礼盤彫刻より　8世紀頃
キリスト教博物館　イタリア

牛は、労役・食用・乳搾など、さまざまに利用される有益な家畜である一方で、聖なる動物としての性格も有していた。「有角の聖牛」という象徴性は、メソポタミア文明やエジプト文明にまでさかのぼるものであるが、古代ギリシア・ローマでもその傾向が強く、牛は豊穣の神として信仰の対象であった。

なお、キリスト教図像学のなかの牛は、羊と並ぶ犠牲獣として扱われるだけでなく、聖牛としての属性も備えている。例えば、福音書記者聖ルカを象徴する有翼の牡牛や、中世神学の基盤を成すスコラ学を大成したトマス・アクィナス（一二二五頃〜七四年）のアトリビュートとして、その聖性が反映されている。

▲ ステンドグラス装飾の「牡牛座」
13世紀　シャルトル大聖堂　フランス

Lion

第2章 中世

ライオン

初期キリスト教

- ◆古来、鷲と並ぶ権力の象徴とされた。
- ◆キリスト教世界では諸聖人に寄り添う存在。
- ◆中世以後、門戸の見張り役としてドアノッカーなどの意匠にも用いられている。

▶ライオンを服従させるサムソン♦（タペストリー断片）6～7世紀頃 メトロポリタン美術館 アメリカ

▲王者のマントを飾るにふさわしい意匠

東方の文物を積極的に取り入れていたシチリア王国。初代の王ルッジェーロ2世が用いたこのマントには、オリエントとゆかりの深い「生命《せいめい》の樹」（76頁）を挟んで、ラクダに襲いかかるライオンが刺繍されている。

ルッジェーロ2世のマント 1133～34年 ウィーン美術史美術館 オーストリア

聖俗ともに権力を象徴

古来、人々はライオンの卓越した膂力《りょりょく》や激しい気性に対して畏怖《いふ》の念を抱いていた。これを従えることは超越的な力や聖性の獲得を意味した。例えば、ギリシア神話の英雄ヘラクレスはライオンの頭と皮をまとう姿をしており、旧約聖書に登場するダビデやサムソンは、どちらもライオンに打ち勝つことで世に英雄として認められる。またライオンは、聖ヒエロニムスをはじめ、多くの聖人に寄り添う存在であり、とくに古代オリエントの聖獣表現を起源とする「有翼の獅子《しし》」は、福音書記者の聖マルコの象徴でもある。

さらにライオンは、目を開けたまま眠ることができると信じられ、権力と同時に警戒を象徴する動物とも目されていた。そのため、中世の修道院や世俗建築の門扉やその引手、鍵穴まわり、さらには鍵の柄《え》などに、ライオンの意匠が好まれた。今日でも、ドアの取っ手に環《わ》を噛んだライオンの頭部のデザインが、一般住宅や銀行などでしばしば見られる。

▲ドアノッカーのライオン装飾

Dove

中世

鳩

初期キリスト教

◆愛と美の女神アフロディテ（ヴィーナス）とともに描かれ、平和や愛の象徴とされる。
◆キリスト教美術では、聖霊を具現化した姿として、石棺彫刻や絵画に描かれた。

▶F・ブーシェ《ヴィーナスの化粧》1751年
メトロポリタン美術館　アメリカ

汚れなき白さで平和と聖性を象徴する鳥

古くから、鳩は天と地上を行き来する「神の使い」であった。楽園から飛来するとも考えられ、しばしば真っ白な姿で表現される。ギリシア・ローマ神話では、愛と美の女神アフロディテすなわちヴィーナスに寄り添い、平和や愛の象徴とされた。ヴィーナスを主題とした絵画には、その無垢な姿が多く見られる。

キリスト教では、鳩は聖霊の象徴であり、平和のほか、キリストの魂や聖母マリアを象徴する鳥として初期は聖堂のモザイクに表された。六世紀頃には、金または銀製の鳩の彫刻が祭壇や聖水盤の上に吊るされ、十一世紀頃になると、このような彫刻は聖体容器としても使われた。さらに、聖母マリアへの受胎告知やキリストの洗礼を表す石棺彫刻、絵画では、聖霊が具現化した姿として鳩が描かれた。いずれも翼の細部まで精緻に表されることが多い。

ルネサンス期になると、その清らかで愛らしい姿が好まれ、可憐な花々と組み合わせて調度品やアクセサリーのモティーフとしても用いられるようになった。

▲ 清らかな白い鳩は「死者の魂」

ビザンティン美術の影響が色濃いキリスト教聖堂のモザイク。水壺と葡萄蔓草は「楽園」、鳩は楽園に憩う「死者の魂」を表すとされる。

葡萄樹と鳩のモザイク◆ 5世紀
サンタ・マトローナ祈禱堂　イタリア

▲ 修道院南玄関上部の鳩の浮彫彫刻
13世紀　ゲガルド修道院
アルメニア

▲ 鳩のブローチ　1775～1800年
ヴィクトリア・アンド・アルバート博物館　イギリス

Eagle 鷲

◆王者の風格から、鷲は古代ローマにおいて国家を象徴し、軍旗に表された。
◆中世では紋章図像として用いられ、単頭と双頭の２種類がある。王者の象徴として長く受け継がれた。
◆キリスト教では聖ヨハネの象徴でもあり、彩飾写本の挿絵によく描かれてきた。

▶『ケルズの書』の聖ヨハネの鷲　800年頃　ダブリン大学/トリニティ・カレッジ図書館　アイルランド

ヨーロッパの歴代の王族が好んだシンボル

獲物を捕らえて離さない鋭い爪や鉤形《かぎがた》のくちばし、何者にも屈せぬ昂然《こうぜん》とした雰囲気、そして大空を悠々と飛翔する鷲《＊わし》は、まさに王者にふさわしい動物であり、早くから王権や国家のシンボルであった。すでに古代ローマ帝国では軍旗に使用されており、四～八世紀のゲルマン系諸国でも装身具の意匠として大いに愛好された。

鷲のシンボリズムが最も発揮されたのは、中世の紋章の世界である。紋章図像としての鷲（90頁）は、両翼・両脚を広げた正面向きの胴部と、横向きの頭部を組み合わせた「エプロワイエ」と呼ばれる形をとるのが基本である。また頭部表現には、単頭と双頭の二種類があり、とくに単頭の鷲はゲルマン系諸国を統一したフランク王国のシャルルマーニュ（カール大帝）に由来している。フランス王権のシンボルとしてはユリ（88頁）が有名であるが、同様に「鷲＝王者の象徴」というシャルルマーニュ以来の認識も、長く受け継がれていた。そのシャルルマーニュの後継者を自任して一八〇四年フランス皇帝に即位したナポレオンは、稲妻をつかむ単頭の鷲を紋章として採用している。

福音書記者聖ヨハネをも象徴

鷲はキリスト教神学においても重要な位置を占めており、聖ヨハネの象徴として知られている。もともと聖ヨハネには福音書記者のなかでもとくに高い地位が与えられていたが、太陽に向かって飛ぶ鷲の卓越性とヨハネの優越性が結びつき、鷲がヨハネの象徴として定着した。当時の彩飾写本の挿絵には、聖ヨハネを（単頭の）鷲として描くものも多い。

▲メロヴィング朝に流行した鷲形のフィブラ

貴石象嵌は東方起源の技法であり、ヨーロッパには民族移動期を経て本格的に導入された。とくにメロヴィング朝時代に入ると、ザクロ石の象嵌を施した鷲形フィブラ（衣服を留めるブローチ）が盛行した。

鷲形フィブラ（安全ピン形をした留金）5～6世紀頃　クリュニー中世美術館　フランス

＊ 天空から鋭い眼光で下界を見下ろすことから、五感のうち「視覚」の象徴ともされていた。

▲皇帝の威信を誇示する鷲の葬列

1558年12月29日、ベルギーのブリュッセルで神聖ローマ皇帝カール5世の葬儀が盛大に行われた。ヨーロッパ各地から官民問わず貴顕が多数参列し、荘重をきわめたその葬列は、帝国の紋章「双頭の鷲」で埋め尽くされた。唐草文様のように展開する尾羽の表現も印象的である。

《カール5世の葬送》 1558年 ブザンソン市立図書館 フランス

▲新たなヨーロッパの覇者、ナポレオンを象徴

1804年に「フランス人民の皇帝」となったナポレオンは、翌年のアウステルリッツの戦い（三帝会戦）に勝利した。この戦いを経て名実ともにヨーロッパの覇者となったナポレオンにとって、鷲はまさに自らにふさわしいシンボルであった。

アウステルリッツ戦勝記念版画 19世紀初頭
パリ国立図書館 フランス

▲詩人ハルトマン・フォン・アウエの肖像『マネッセ写本』より
1300年頃 ハイデルベルク大学図書館 ドイツ

Russian Ornament

▲ 聖ワシリー大聖堂　1560年　ロシア

ビザンティンとユーラシアの出会い

ロシア装飾の「東方」

❖ビザンティンとアジアの色濃い影響

ロシアはスラヴ人の国だが、装飾文様には南のビザンティン美術と、中央アジア系の民族の伝統文様が取り込まれ、きわめて東方的といえる独特のスタイルを生み出してきた。

十世紀にキエフを都としたキエフ公国のイーゴリ公が東ローマ帝国（ビザンティン帝国）に遠征し、通商条約を結んだ。その後ウラジーミル一世は帝国の皇妹と結婚し、ロシア人は東ローマ帝国の宗教であるギリシア正教に帰依したことから（九八八年）、宗教美術と世俗の装飾の両方に、ビザンティンの輝くモザイクの図像や葡萄蔓草《ぶどうつるくさ》などの文様を受け入れた。

次いで十三世紀にはモンゴル人がモスクワまで迫り、一二四三年から一五〇二年までの長きにわたりキプチャク＝ハン国による支配が続いて北方ユーラシア装飾の影響を受けた。モスクワの赤の広場にある聖ワシリー大聖堂のタマネギ型の屋根は、モンゴルの遊牧民のパオを思わせ、多用されている連弁型の建築装飾もアジア起源のものにさかのぼる。

為政者や司祭がまとう衣装の文様から建築装飾まで、最も特徴的なのは、太さのある唐草文様風のオーナメントである。ロシア領内のシベリア各地に生きる少数民族の伝統工芸に表された生命《せいめい》の樹や渦巻《うずまき》文様は、ユーラシアを行き交い、スラヴ人の文化に浸透していったのである。

❖近代に蘇った「東方の香り」

十九世紀末から二十世紀にかけて民族主義の盛り上がりのなか、ロシア、スラヴの装飾文様は、東ヨーロッ

▲ 白樺の楽器の渦巻文様　ロシア

▲ 白樺の櫛装飾　ロシア

▲ ミサ用福音書抄録に描かれた組紐文様
1535年　A・ラシネ『世界装飾図集成』

▲ ナナイ族の花嫁の下着

ナナイ族の服飾・工芸に見る「生命」の文様

シベリア、アムール河岸の少数民族ナナイ族の服飾と工芸では、魚や鳥など彼らが信仰する精霊像を表した文様のほか、中国の意匠にあるような渦巻文様の刺繍が印象深い。花嫁衣装の「股間」部分、つまり生命が誕生する身体の局部に「植物の繁茂」のさまを刺繍し、生命と装飾の深いつながりを浮き彫りにしている。樹皮から作り出す剪紙《きりがみ》細工からも、自然を「じかに変容させる」、「生まれさせる」という行為が伝わってくる。

◀ ナナイ族の太鼓のドラゴン装飾

◀ シベリア、アムール川流域の伝統的な青銅装飾

▲ ナナイ族の剪紙装飾

▲ イルクーツクの町家の建築装飾　ロシア

パのスラヴ民族の国々や、それと隣接してトルコの支配を受けた国々の工芸にもリヴァイヴァルする。前述した太い線の唐草風の文様は、小さな民具から大きな建築にまで表現された。

二十世紀初頭のロシア革命によって西ヨーロッパに芸術家や宗教家が亡命し、ロシア、スラヴの様式が愛好されるようになる。ディアギレフ率いるロシア・バレエ団がパリで好評を博するなど大きな影響を与え、舞台美術家レオン・バクストの舞台衣装は、当時のオリエンタリズムと相まって「東方の香り」をふりまいたのである。

▲ L・バクスト《火の鳥》1910年　ベアルン・コレクション　フランス

▲ I・P・アルグノフ《ロシア民族衣装の農婦》1784年　トレチャコフ美術館　ロシア

聖樹

中世

初期キリスト教
ビザンティン

- ◆世界の軸とされた北欧神話の「ユグドラシル」のように、古来樹木は「聖なる存在」であった。
- ◆キリスト教における「生命の樹」と「智恵の樹」は、エデンの園の一対の聖樹。
- ◆「エッサイの樹」のような樹木の系譜表現は、家系図作成にも応用された。

▶ ルッジェーロ２世のマントの聖樹
1133 〜 34 年　ウィーン美術史美術館　オーストリア

神の世界とつながる「聖なる存在」

古来、樹木は「聖なる存在」としてさまざまな神話・宗教のなかで重要な役割を果たしてきた。例えば、北欧神話に登場するユグドラシルは、世界の中心ないし軸とみなされる聖樹《せいじゅ》である。

また、キリスト教の神学大系のなかにも聖樹がある。キリスト教における聖樹とは、すなわちエデンの園に生える樹であり、二系統に大別される。それが「生命《せいめい》の樹」と「知恵の樹」である。図像表現としては、前者が古代以来「聖樹」とみなされ続けてきたオリーヴ[*1]やシュロ（14頁）、ブドウ（64頁）などのオリエント地方原産の樹として描かれているのに対し、後者はたいてい、リンゴの樹の形象をとる。なお、アダムとイヴが後者の果実を口にしたことで、人類は知性を得たが、同時に「楽園追放」の憂き目にあうこととなった。

系譜表現の元祖「エッサイの樹」

さらに、キリスト教美術には「エッサイの樹」[*2]と呼ばれる聖樹表現がある。ダビデの父エッサイからキリストに至る系譜を図像化したもので、エッサイの脇腹から樹が生え、そこに新旧の聖書に登場する諸王や預言者たちの系譜が展開する系統図として表現される。十二世紀中葉に初めて登場して以来、数多くのステンドグラス（93頁）や彩飾写本（60頁）の挿絵などで、中世を代表する主題のひとつとなった。なお、中世以降には、樹木を用いて一連の系統を表現するこの手法が、家系図や氏族系譜の作成にも盛んに応用されてゆくことになる。

この背景には、系譜の聖性・正統性を担保している「エッサイの樹」の思想が反映されているといえよう。

ザクセンの聖樹「イルミンスール」

ユグドラシルに類する聖樹にカール大帝（シャルルマーニュ、在位 768 〜 814 年）がザクセン征服時に切り倒したという「イルミンスール」があり、かつてはエクターンシュタイネ（ドイツ北西部）の石彫レリーフの樹木表現がこの聖樹に擬せられてきた。ただし、ユグドラシルもイルミンスールも異教時代の北ヨーロッパにおける一種の世界観であり、実際の造形表現として確認できるものはほとんど見当たらない。

▲ ザクセンの「イルミンスール」復元想像図◆

＊１ 各樹木が象徴するもの：オリーヴ→平和の象徴、シュロ→勝利の象徴、ブドウ→キリストの象徴。いずれも東地中海地域一帯が原産。
＊２ 旧約聖書「イザヤ書」（第 11 章第 1- 2 節）参照。

▲ 磔刑のキリストのモザイク壁画 1110年頃 サン・クレメンテ教会 イタリア

▲《エッサイの樹》 写本挿絵より 1411年頃 大英博物館 イギリス

◀ 近代絵画に描かれた生命の樹

世紀転換期のウィーンで活躍したクリムトは、甘美で魅惑的な官能性が匂い立つ装飾性豊かな画風で知られる。本作では、大地に根を下ろした大樹が上空へと渦巻状に枝を伸ばし、あふれんばかりの生命力をほとばしらせている。

G・クリムト《生命の樹》 1905～09年
ウィーン工芸美術館 オーストリア

Monogram

第2章
中世

モノグラム

初期キリスト教
ビザンティン

◆人名や地名などのイニシャルなどを組み合わせて図案化した装飾文字。
◆建築、器物、宝飾などに記された。
◆現代のロゴマークにも受け継がれている。

▶アルフレッド大王のペニー銀貨♦ 9世紀 大英博物館 イギリス

▲ モノグラムがキリストの偉大さを主張

「XPI」のモノグラムをモザイクで表し、両脇には壺から伸びるキヅタが描かれている。下に見える文字はギリシア文字の配列の最初と最後、アルファ（左）とオメガ（右）で、始まりと終わりがキリストによって包括されることを表す。

「XPI」のモザイク 5〜6世紀 アルミリダ聖堂遺跡 ギリシア

キリストを表すモノグラムは聖なる象徴として尊ばれた

モノグラム（組み合わせ文字）は、人名や地名などのイニシャルやスペルを組み合わせて図案化したものをいう。イエス・キリストを表す「XPI」や「IHS」は、ギリシア語におけるクリストス（*Χριστός*）の最初の三文字や、ラテン語における「イエス、人類の救い主（Iesus Hominum Salvator）」の頭文字であり、今日もなおキリストの象徴として尊ばれている。

初期キリスト教から近代に至るまで、モノグラムはさまざまな意匠を凝らした装飾的な要素を発揮してきた。

王侯貴族の洗練されたモノグラム

モノグラムは人名などを表現する手段としてだけでなく、しばしば意匠的な工夫を加えられ、その人物の権威や趣味の豊かさを示す役割を担ってきた。近世においては王侯貴族などのイニシャルがモノグラムにされ、城館の門や建築自体を飾り、身のまわりの器物や宝飾品、記念

署名にも使われたモノグラム

古くは署名にモノグラムが用いられることもあった。800年に西ローマ皇帝となったフランク王国カロリング朝のカール大帝（シャルルマーニュ）は、「KARLOS」のモノグラムを用いていたとされる。

▲ カール大帝（シャルルマーニュ）の署名♦
774年 パリ国立古文書館 フランス

▲王太子夫妻の
銀婚式を記念

この磁器の皿は、デンマーク王太子フレゼリク（のちのフレゼリク８世、在位1906〜12年）とロヴィーサ妃（1851〜1926年）の銀婚式を記念して、デンマークの名窯ロイヤル・コペンハーゲンで焼造された。夫妻のイニシャルの「F」「L」をモノグラムにし、皿全体に絵付けしている。

フレゼリク王太子とロヴィーサ妃の銀婚式記念皿◆ 1894年 ヴィクトリア・アンド・アルバート博物館 イギリス

▶娘夫妻（Alice と Louis）からヴィクトリア女王へ贈られたブローチ 1873年
ヴィクトリア・アンド・アルバート博物館 イギリス

◀王族のモノグラムには
ダイヤをちりばめて

青いガラスで覆われた中央の楕円版を金の枠とダイヤが囲み、中央にマリー・アントワネットのイニシャルの「MA」がダイヤで表されている。キジバトとたいまつが表された留金と一対で作られたもので、ルイ16世との結婚を表す構図となっている。

ブレスレットの留金 1770年頃
ヴィクトリア・アンド・アルバート博物館
イギリス

◀鉄格子に施された
クリスチャン４世のモノグラム装飾 17世紀前半
フレゼリクスボー城 デンマーク

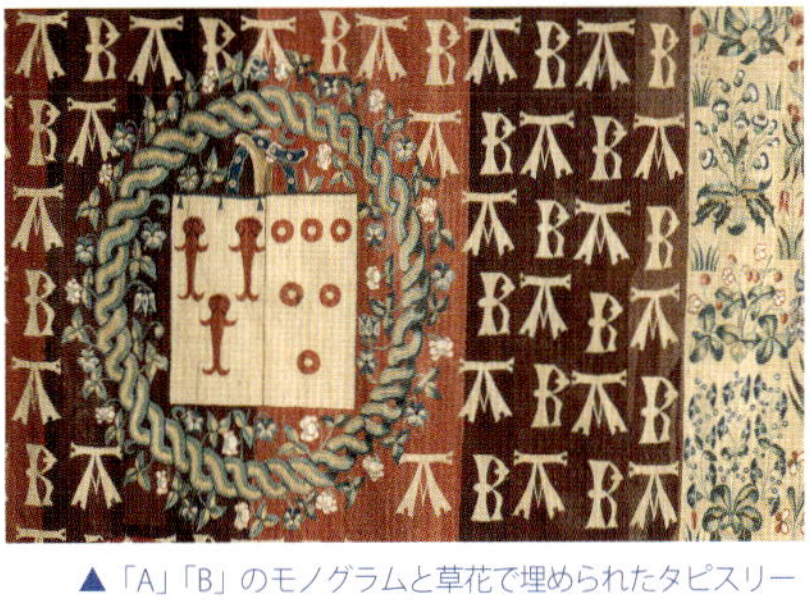

▲「A」「B」のモノグラムと草花で埋められたタピスリー
1500年頃 タルシー城 フランス

物などに幅広く利用された。十八世紀のフランス王妃、マリー・アントワネット（一七五五〜九三年）の「MA」のモノグラムがあしらわれた宝飾品（上図）にも、その一例を見ることができる。また王侯貴族の婚姻やその絆《きずな》の証《あかし》として、夫妻の頭文字を組み合わせたモノグラムも頻繁に用いられた。

ヨーロッパにおけるモノグラムの伝統は、近現代に成立した高級ブランドや企業、スポーツチームなどのロゴマークにも受け継がれている。服飾デザインや高級ブランドの世界では、モノグラムがブランド・イメージの中核を担う媒体となった事例も珍しくない。

第2章

中世

初期キリスト教 ビザンティン

十字架

◆キリスト教徒の信仰の証にして、最も重要なシンボルであり、美術の幅広いジャンルで表現された。
◆教会の建築プランや紋章、国旗に用いられた。

▶ 磔刑のキリストのモザイク壁画 1110年頃
サン・クレメンテ教会 イタリア

最も重要なキリスト教のシンボル

十字架は、最も代表的なキリスト教のシンボルである。もともと、古代ローマにおける重罪人の処刑具であったが、イエス・キリストが磔《たっ》刑《けい》に処されたことにより、キリスト教文明のなかで最重要の象徴となった。

当初は十字架に架けられたキリストの磔刑像を直接的に表現することが憚《はばか》られ、「XPI」の組み合わせ文字（78頁）や魚（66頁）、鳩（71頁）、さらにはイルカ（32頁）を伴う錨《いかり》として描かれた。しかし五世紀以降になると、絵画・彫刻・工芸などあらゆる美術ジャンルに登場し、十字架は磔刑像とともにキリスト教の信仰と美術の中心を占めることとなった。

豊富な形態とヴァリエーション

今日、最も多用されている十字架は、縦長横短の「ラテン十字」と、縦横の比率が同じ「ギリシア十字」である。どちらの十字形も、キリスト教会の東西大分裂（十一世紀）まで併用されていたが、その後は次第に前者が西ヨーロッ

◀宝石をちりばめた「勝利の十字架」*

中世初頭のヨーロッパでは「クルクス・ゲンマタ（貴石象嵌十字架）」という豪華な十字架が流行した。本作も七宝と彫金、金線細工を施した黄金の板をオーク材に被せ、152個にもおよぶ貴石類がはめ込まれている。

勝利の十字架　908年　カマラ・サンタ・デ・オヴィエド教会　スペイン

◀貴重な素材に敬虔な信仰心を託して

イスラーム統治時代から、イベリア半島にはアフリカ大陸の金や奴隷のほか、象牙が持ち込まれ高価な工芸素材として珍重された。この象牙製磔刑像は、レコンキスタを推進したフェルナンド1世（在位1056～65年）とその妻サンチャによりレオンの聖イシドーロ教会に奉納されたもの。

象牙製磔刑像　11世紀
マドリード国立考古学博物館　スペイン

＊ 磔刑に処せられたのちイエスが復活したことから、受難と死に対する勝利を象徴。

▶ 扉の十字架装飾
20世紀初頭
聖ネクタリオス
修道院　ギリシア

パ一帯、後者がギリシア正教会をはじめとする東方教会に採用されていった。なお、こうした十字架の形態上の差異は、東西キリスト教世界の建築プランにも大きな影響をおよぼした。

十字架は、二本の直線を直角に重ね合わせただけのきわめて単純な形をしている。だが基本形態が単純であるがゆえに、そのヴァリエーションは豊富である。古代以来、多彩な十字架が登場しており、信仰の証《あかし》としてだけでなく、紋章や国旗、組織の標章などのデザインとしても用いられている。

▲近代の画家の心もとらえたテーマ

ジョルジュ・ルオーはフォーヴィスムの画家とされることが多いが、自身の芸術をキリスト教信仰のなかに位置づけることを自覚的にとらえていたことから、「20世紀の宗教画家」とも呼ばれる。十字架や磔刑像はルオー芸術の重要な主題である。

G・ルオー　《十字架のキリスト》　1936年　個人蔵

さまざまな十字架のかたち

紋章の十字架

▼ロンドン市の紋章

国旗の十字架

▲スカンディナヴィア十字
（スウェーデン国旗）

信仰の十字架

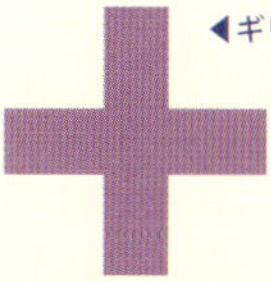

◀ギリシア十字

縦横の長さが同じ比率。主にギリシア正教で用いられる。

◀ラテン十字

縦長横短の形をとり、主に西ヨーロッパ一帯で用いられる。

◀マルタ十字

聖ヨハネ騎士団の象徴。鏃を4つ組み合わせたような意匠。第1回十字軍遠征で使われたといわれる。

◀ラバルム

後期ローマ帝国が軍旗に用いた意匠。キリストの頭文字を表すギリシア文字「XPI」を組み合わせている。

天球／宝珠

初期キリスト教
ビザンティン

◆古代ギリシア以降、球体は宇宙を象徴し、完全性や永遠性を表すとされた。
◆後世のヨーロッパでは、王権の象徴として、黄金や宝石で飾られた宝珠が作られた。

▲ 宝珠を持つキリストと聖ヨハネ
ブラウの世界地図より 17世紀

▲ A・デューラー《カール大帝》1512年
ゲルマン国立博物館　ドイツ

宇宙の象徴から王権のシンボルに

紀元前六世紀のギリシアの哲学者ピタゴラスは、地球が球体であることを唱えた。ピタゴラス学派にとって球体は完璧な形態であった。この考えが基礎となり、宇宙自体も太陽や惑星、多くの星々が地球を取り巻いて回転する「天球」として想像された。古代ギリシア以降、球体はしばしば宇宙の象徴とされ、キリスト教でも完全無欠にして永遠なる存在の表れと見なされた。

そのイメージはギリシアからローマ帝国へと受け継がれ、ビザンティン帝国や神聖ローマ帝国においては、神に代わって地上を支配する帝権のシンボルとなった。この伝統は後世のヨーロッパの各王家に受け継がれ、戴冠式など重要な儀礼の際には、宝石をちりばめ、十字架をつけた黄金の宝珠《ほうじゅ》を君主が手に取り、王座のかたわらに置いた。

宝珠は、現代のファッションや宝飾デザインの分野などにも取り入れられている。

▲ 最高級品質を保証する宝珠のロゴ・マーク

19世紀にハリスツイードを世に広めたダンモアー伯爵夫人の功績を称えたロゴは、伯爵家の家紋マルタ十字と球体を組み合わせたもの。

ハリスツイードのロゴ・マーク

▲ 黄金の球体と宝石で国王の権威を象徴

英国王の権威を象徴する「君主の宝珠」と「笏杖《しゃくじょう》」。ダイヤモンド、ルビー、真珠などおびただしい数の宝石で装飾されている。

君主の宝珠と笏杖 1661年
英国王室　イギリス

Pearl Roundel

連珠文

初期キリスト教 ビザンティン

◆連続する白珠によるペルシア発祥の円環文様。
◆ササン朝ペルシアでは神の恩寵を象徴し、王の衣服の縁飾りや織物の図案に用いられた。

▶ 古代ローマのコインを縁取る連珠文
イタリア出土　前44年　大英博物館　イギリス

▼ 翼のある馬の織物より♦　エジプト出土
5〜6世紀　リヨン織物博物館　フランス

神の恩寵を示す聖なる白珠の環

連珠文《れんじゅもん》は白珠が連続して円環状を成す文様である。ペルシア（現イラン）で始まった連珠文は、アケメネス朝ペルシアを経て、ギリシアでも用いられた。ササン朝ペルシアでは、神の恩《おん》寵《ちょう》（ファヴァレナ）を象徴し、神から王に授与される王権の環《わ》として表された。また、帝王の衣服の縁飾りや首飾り、錦などの織物の図案、台座などの装飾に用いられた。円文の内側には「聖なる空間」として聖樹《せいじゅ》（76頁）や聖獣が配された。

ペルシアとギリシア・ローマは、シリアや黒海の北岸、東岸で交流を重ね、イランとローマ後期、さらにはビザンティンの美術様式との折《せっ》衷《ちゅう》や融合がササン朝ペルシアで行われた。時代が下るとハートや波のような形の円文が登場するようになる。ビザンティンの織物では円文の縁飾りであったが、次第に花綱文《はなづなもん》が用いられるようになった。

▲ **純白の真珠を利用した連珠文**

真珠やエメラルドなどの宝石をちりばめた、豪華絢爛な衣装をまとうビザンティン皇帝の上腕部分に連珠文が見られる。

コンスタンティヌス9世モノマコスと上腕の連珠文装飾　1042年
ハギア・ソフィア聖堂　トルコ

▲ 光背を持つユスティニアヌス帝のモザイク画
6世紀　サンタポリナーレ・ヌオーヴォ聖堂
イタリア

Hispano Moresque

スペイン・ポルトガルにおけるムーア美術の装飾

ヒスパノ・モレスク

❖ イスラーム美術がもたらしたきらめきの装飾

「ピレネー山脈の彼方」、イベリア半島は古代以来ダイナミックな東西交流の文化を創り上げてきた。とくにスペイン南部のアンダルシア地方を旅すれば、イスラーム文化の人々がもたらした装飾のきらめきに出会うことができる。

アラブ系の「ムーア人（モーロ人）」の侵入と定着によって形成された装飾芸術を「ヒスパノ・モレスク（スペインとムーアの融合）」様式と呼ぶ。

中東から北アフリカを経由してきたイスラームの人々は、八世紀のはじめスペインの古都トレド、セビリヤ、サラゴサを陥落させ、フランスにも迫り一時撃退される。しかし、アンダルシア地方のコルドバに後ウマイア朝（七五六〜一〇三一年）を興し、壮麗なメスキータ（モスク）を建立。内部はタイルや黄金や大理石で飾られ、緻密きわまりない複雑な装飾に満ちている。唐草文様と幾何学的なパターンを組み合わせて、ミクロの視覚に迫る繊細なアラベスク文様（110頁）の芸術を生み出した。

グラナダのアルハンブラ宮殿は九世紀からの要塞で、現在世界遺産となった宮殿は十三世紀のナスル朝で建設され、砂糖菓子レースと見《み》紛《まご》うアラベスク文様の美の殿堂である。キリスト教徒によるレコンキスタ*（七一八〜一四九二年）によってスペインのイスラーム王朝は滅ぼされるが、その後もムーア美術は生き残った。

▲ **ビザンティンのモザイク技法が光る精微なアラベスク文様**

コルドバのメスキータ内部にあるマスクーラ（君主の礼拝所）のドームは、ビザンティンから招いたモザイク職人によるもの。金地に青や緑の蔓草が織り成す精緻な植物文様が見られる。

マスクーラの天井装飾　10世紀後半
メスキータ　スペイン

▲ヒスパノ・モレスクのテキスタイル◆
15世紀後半　OSU歴史衣装・テキスタイルコレクション　アメリカ

＊キリスト教徒がイベリア半島からイスラーム勢力を駆逐した運動。１４９２年のグラナダ陥落で完了した。

❖イスラームとヨーロッパの意匠が融合したヒスパノ・モレスク焼

スペインとポルトガルで十五世紀から続くタイル芸術「アズレージョ」もそのひとつ。光るタイルにアラベスクとヨーロッパ的な具象が相まって独特のデザインを醸《かも》し出し、ヒスパノ・モレスク焼ともいわれ、セビリヤが主要産地である。こうしたヒスパノ・モレスクのデザインは、アンダルシアはもちろんのこと、サラマンカなどイベリア半島全体のキリスト教建築・民間建築にも広く見られ、アール・ヌーヴォーやアール・デコ（149頁）にも復活した。

アルハンブラ宮殿の壁面装飾

▲「幽閉の塔」の壁の羽目張り　15世紀　アルハンブラ宮殿　スペイン

▲「魚池の中庭」への入口にある大アーチの下面装飾　15世紀　アルハンブラ宮殿　スペイン

▲「アベンセラへの間」のパネル装飾　15世紀　アルハンブラ宮殿　スペイン

いずれもO・ジョーンズ『装飾の文法』より

▼ヒスパノ・モレスク焼の皿　スペイン出土　1400～45年頃　ヴィクトリア・アンド・アルバート博物館　ロンドン

▲アズレージョの壁面装飾　15～16世紀　シントラ宮殿　ポルトガル

Siren

セイレーン

ロマネスク

◆ギリシア神話などに登場する、上半身が女性、下半身が魚や鳥の海の怪物。美声で人を惑わし、誘惑や偽りの象徴とされた。
◆中世では教会の柱頭に、誘惑への注意を喚起するモティーフとして登場した。

▶ セイレーンの柱頭装飾 12世紀
サン・ペドロ・デ・ガリガンス修道院 スペイン

美声で人々を惑わす女性の魔物

セイレーンは、ギリシア神話やホメロスの『オデュッセイア』に登場する伝説上の海の怪物である。顔、または上半身が女性、下半身が魚または鳥という姿だが、河の神アケロオス、または海の神ポルキュスの娘たちとされ、元来は「水の女神」として信仰されたといわれる。美の女神アフロディテの不興を買い、怪物に変えられたセイレーンは、海の航路近くの岩礁から美しい歌声で航海中の人々を惑わし、難破や遭難をさせるため、古来ヨーロッパでは、誘惑や欺瞞《ぎまん》の象徴とされた。古代ギリシアでは、水差しや骨壺の取っ手にもセイレーンの装飾が施され、死を連想させるものもある。

ロマネスク様式が盛行した中世ヨーロッパの聖堂では、セイレーンはほかの空想獣とともに壁画や柱頭装飾に取り入れられ、二つに分かれた尾びれをそれぞれの手でつかんでいる姿で見られる。「誘惑に注意」という意味を示すが、素朴で愛らしい表情のものが多い。

▲シンプルな線で壷に描かれたセイレーン

まわりにシダの葉を散らし、女性の頭を持つ鳥の姿として描かれたセイレーンの壺絵。

マヨリカ壺に描かれたセイレーン◆ イタリア出土 15世紀頃
ルーヴル美術館 フランス

◀宝石を全身にまとって

胸にバロック真珠(歪んだ真珠)を、尾びれにルビーをあしらったペンダント。奇抜でユニークなセイレーン・ペンダントは、ルネサンス期に多く作られた。

セイレーン・ペンダント
1575～99年頃
銀博物館 イタリア

グリーンマン

Green Man/Blattmaske

ゴシック

◆葉の生えた顔。中世ゴシック期を中心とする建築意匠として多用された。
◆古代の樹木信仰に由来し、豊穣や多産のシンボルとされた。
◆近代では中世キリスト教の意匠再検討のなかで、異教的要素とみなされた。

▶口から植物をはき出すグリーンマン
15～16世紀　聖ステファン教会
イギリス

「グロテスク」ともとらえられる「葉人間」

グリーンマンは、アルプス以北地域における中世ゴシック期の修道院を中心に見られる建築意匠であり、人間の顔と植物の枝葉が一体となったさまざまな形象を総称する言葉である。

一般に、古代の異教、とくに樹木信仰の伝統に由来するものとされ、「豊穣」や「多産」などを象徴するといわれる。ただし、この名称自体は*一九三九年に英語圏で創出されたきわめて近代的な用語である。それまでは「木の葉仮面」や、「葉人間」といった名称で呼ばれており、装飾用の奇怪な仮面「マスカロン」の一変種として扱われていた。また、グロテスク装飾（106頁）の系譜のなかでとらえられることもある。とくにスペインやポルトガル、イタリアなど南ヨーロッパ諸国では、その傾向が強い。

十九世紀、英国をはじめヨーロッパ諸国ではゴシック・リヴァイヴァルが勃興するが、この意匠は中世キリスト教シンボリズムが再検討されるなかで異教的要素とみなされ、排除される傾向にあった。

▲意志を感じさせる眼

中世キリスト教世界における騎士の理想像とされる「バンベルクの騎士」の足下にあるグリーンマン。顔全体がアカンサス（30頁）の葉で覆われている。

グリーンマン　13世紀
バンベルク大聖堂　ドイツ

▶リアルな表情を浮かべる兜のグリーンマン

イタリアのミラノは古くから武具生産の中心地であり、なかでもネグローリ工房は16世紀を代表する甲冑《かっちゅう》工房だった。この工房は、リアルでグロテスクな意匠を凝らしたパレード用甲冑でよく知られており、なかには葉人間を取りつけた兜《かぶと》まであった。

ネグローリ工房製の兜に見るグリーンマン　16世紀半ば

＊ラグランによる言及が、英国を代表する美術史家ニコラウス・ペヴスナーによって取り上げられることにより、広く一般に流布することになる。

Lily

◆ローマ神話では結婚・出産の女神ユノのシンボル。やがてキリスト教で聖母マリアの処女性のシンボルに。
◆初代フランク国王がユリを王家の象徴とし、のちにフランスに「フルール・ド・リス」が誕生。現代まで多くの紋章・国旗に採用されている。

▶フィレンツェの紋章「フルール・ド・リス」17世紀初頭
サン・ロレンツォ教会／メディチ家礼拝堂 イタリア

先史以来の聖なる花

ヨーロッパ美術でユリの花が登場するのは古く、紀元前二六〇〇～前一四〇〇年頃の地中海に栄えたギリシアのミノア文明にまでさかのぼる。

ユリは、クノッソス宮殿の壁画や、アクロティリ遺跡出土の壺（土器）などにしばしば描かれ、特別な意味を古くから持っていたことがうかがえる。

ローマ神話では、ユリはユピテルの妻で、結婚・出産の神ユノの象徴でもある。単性生殖の能力を持つ女陰《にょいん》（ヨーニ）を擬人化したのが、ユノであり、そのシンボルとなった。また、キリスト教では聖母マリアの処女性とその受胎のシンボルともなり、純潔を象徴する。大天使ガブリエルがマリアに受胎を告知する場面には、白ユリの花が描かれる。

▲ 聖母マリアの純潔を象徴

大天使ガブリエルが処女マリアにキリストを懐胎したことを告げる「受胎告知」を描いた祭壇画。マリアの純潔を示すユリが画面中央に、象徴的に描かれている。ガブリエルが手に持つのは、平和の象徴であるオリーヴの枝葉。

S・マルティーニ《受胎告知》（部分） 1333年 ウフィツィ美術館 イタリア

▲《ユリの王子》の壁画（レプリカ）
前16世紀頃 クノッソス宮殿遺跡
ギリシア

▲《カール大帝に護られるルイ 12 世》 写本『カルロス８世の時禱書』より
15 世紀後半　マドリード国立図書館　スペイン

▲ユリに
込められた
依頼主の想い

メダル中央の婦人コッレジアに想いを寄せる人物が、彼女の純潔と気高さを象徴するユリをかたわらに添えるよう、制作を依頼したものといわれる。

ジャコバ・コッレジアのメダル◆　イタリア出土
1500 年頃
大英博物館　イギリス

王権の象徴となった「フルール・ド・リス」

五世紀後半に初代フランク国王のクローヴィスがキリスト教に改宗した際にユリを王家のしるしとし、十四世紀後半には正式なフランスのブルボン王家の紋章「フルール・ド・リス（ユリの花）」が生まれた。青地に金で描かれた「フルール・ド・リス」は、中央の花弁を剣に見立て、王権と同時に敬虔な信仰心を象徴し、王の衣装をはじめ、国旗や調度品、壁紙などを彩った。さらに三つの花弁は「信仰・知恵・騎士道」という三徳を表し、フランス王国を保護する三位一体《さんみいったい》の象徴となった。

その後、ほかのヨーロッパ諸国も「フルール・ド・リス」を紋章として採用し、現代に至るまで、スペインなど国旗・国章に用いられている。

◀様式化された
ユリが描く
優美な曲線

絵画、イラストレーション、陶磁器・壁紙のデザインなど多分野で活躍したイギリスのウォルター・クレインによるユリの壁紙。左右対称に配置されたユリと枝葉が描くゆるやかな曲線には、制作当時流行していたアール・ヌーヴォー様式の影響が見られる。

W・クレイン（デザイン）
壁紙《フランチェスカ》　1902 年
ヴィクトリア・アンド・アルバート博物館　イギリス

Topic

さまざまな配色と形が
生み出す無数のヴァリエーション

紋章

Heraldry

◀序列を決定する色

紋章には鮮やかな彩色が施され、「メタル色」と呼ばれる金と銀、4種の色（赤・青・黒・緑）が用いられた。これら4色は15世紀頃から決められ、この順番が各色の序列とされた。

『ルブルトン紋章鑑』より
15世紀半ば　パリ国立古文書館
フランス

戦場で敵を見分けるための目印

ヨーロッパの紋章からは、中世以来の歴史や社会の変遷、王侯貴族たちの家系、また封建制度や絶対王政との政治的な関係など、さまざまな事象を見ることができる。

紋章＊は、戦場で騎士たちが自身と敵軍とを識別しやすいよう、武具に目印となる図柄をつけるようになったのが始まりである。紋章の発展初期は、動物や幾何学的な文様が主な図柄で、中世末期から植物や武器、日用品、建物、人体の部分などが描かれていく。

また、当初は楯《たて》の表面に描かれたもののみを指して紋章といった。やがてヘルメット、クレスト（ヘルメット飾り）、マント（覆い）、クラウン（位冠）などの装飾部分が加えられ、十六世紀の終わり頃には、これらを合成した完全紋章が正式となり、「大紋章」と称した。

権力を誇示する紋章のモティーフ

紋章は、騎士個人やその家系を識別する目印から、王侯貴族の権威を象徴する役割を持つようになる。

王家の紋章としてとくに名高いのが、ユリ（88頁）と鷲《わし》（72頁）である。ユリの紋章「フルール・ド・リス」は、十二世紀後半のルイ七世の時代から用いられ始め、フィリップ二世、ルイ八世の時代にはカペー家の印章や旗に描かれるようになった。のちに王権がブルボン家へ移ると、

大紋章の主な構成要素
（イギリスの国章より）

①**クレスト**（ヘルメットや冠に付随する飾り）
②**クラウン**（王侯貴族に限られる冠）
③**ヘルメット**（兜を模したもの）
④**マント**（騎士のマントを模したもので、階級によって配色、柄に決まりがある。上図は王家を示す金色の表地にアーミンの毛皮の裏地）
⑤**サポーター**（エスカッシャンを支える要素。動物や人の場合が多い。上図はライオンとユニコーンの組み合わせ）
⑥**エスカッシャン**（楯を模したもの。上図は4分割で、イングランド・スコットランド・アイルランドの紋章が見られる）
⑦**ガーター**（イギリスの最高勲章「ガーター勲章」に由来）
⑧**モットー**（題銘）　⑨**コンパートメント**（台座）

＊　英語・ドイツ語・フランス語の「紋章」は、「武器」という言葉に由来する。

ヨーロッパ王室が好んだ三大モティーフ

—フルール・ド・リス—

上段右：フィレンツェ市の紋章であるユリが描かれた《色絵紋章文双耳壺》（マヨリカ焼）
1425～50年頃　ヴィクトリア・アンド・アルバート博物館　イギリス

左：シャルル7世の紋章『金羊毛騎士団大紋章鑑』より
1435～40年頃　パリ国立図書館　フランス

下段右：416カラットのガーネットをはめ込んだハプスブルク家の双頭の鷲の装身具
1686年頃　王宮宝物館　オーストリア

中央：ビザンティンの継承国家となったロシア帝国ロマノフ王朝の紋章

左：スコットランドの象徴・ユニコーンと組み合わされたイングランドの国章
バッキンガム宮殿　イギリス

—ライオン—

—双頭の鷲—

紋章も引き継がれた。正式にユリがフランス国王の紋章と制定されたのは、シャルル五世の治世、一三七六年のことである。

ドイツやオーストリア、ロシアの帝室の紋章は、「双頭の鷲」（72頁）という異形の姿をとる。双頭は、後世にはビザンティン（東ローマ）帝国と神聖ローマ帝国、オリエントとヨーロッパの合一、さらに二つの顔を持つ古代ローマの神ヤヌスと結びつけられ、神秘性の強いシンボルとされた。

双頭の鷲は、一四〇一年に神聖ローマ帝国の皇帝ジギスムントによって公式に皇帝の紋章と定められた。鷲はローマ帝国、およびその継承国家の紋章として、長く王権の象徴であった。

さらに、百獣の王であるライオン（70頁）も、紋章の発生当初から頻繁に用いられたモティーフである。「獅子心王」と呼ばれたイギリスのリチャード一世が、勇猛さの象徴であるライオンを紋章にしたことから、ヨーロッパ各地にライオンの紋章が広まった。

現在でも王室や国旗に限らず、銀行やデパート、スポーツチームのユニフォームなどのロゴに、紋章の影響が色濃く見られる。

フォイル（葉飾り）

ゴシック

Foil

◆ゴシック建築のトレーサリー（採光部の上部に作られる装飾的組み物）や諸工芸に幅広く応用された。
◆葉や花弁のように見える部分の数で分類。

▶ノートン・コートの壁紙（1975 年再制作）◆ 1840 年
ヴィクトリア・アンド・アルバート博物館　イギリス

ゴシック建築を代表する葉形のデザイン

ゴシック建築の特徴のひとつに、垂直性を強く感じさせる尖頭《せんとう》アーチがある。アーチ上部にはしばしば「トレーサリー」と呼ばれる狭間の組み物が付随する。トレーサリーは幾何学的に仕切られた石の組子《くみこ》によって構成され、円弧の組み合わせによるさまざまなヴァリエーションが制作された。フォイルはそのひとつを構成する形式である。輪郭がクローバーのような植物の葉や花弁の形態を連想させることからフォイル（葉飾り）と称され、十三世紀から十四世紀にかけてヨーロッパ各地のゴシック建築で発展を見た。

葉または花弁のように見える部分の数により、三葉（三弁）、四葉（四弁）、五葉（五弁）、多葉（多弁）などに分類される。フォイルをステンドグラスの窓枠に用いることも広く行われた。

フォイルの形態は金工品や家具などさまざまな工芸に応用され、十八、十九世紀のゴシック・リヴァイヴァルに至るまで、ゴシック風を強く印象づける意匠として愛用された。

▲ケルン大聖堂のステンドグラスに見るフォイル装飾
14 世紀頃　A・ラシネ『世界装飾図集成』

▶多葉フォイルで飾るゴシック風椅子の背もたれ

背もたれにゴシック建築に用いられるトレーサリーのデザインが応用され、多葉フォイルのくり型がゴシック風の意匠を強調している。

ストロベリー・ヒルの館の椅子
1755 年　ヴィクトリア・アンド・アルバート博物館　イギリス

Topic

光と色彩が
大聖堂にきらめくデザイン

ステンドグラス

Stained Glass

▲ **垂直の窓がもたらした光の充満**

サント・シャペル聖堂は、レイヨナン式ゴシック建築の傑作。壁体の積み石を極限まで減らし、垂直方向に長く伸びる鋭尖形のランセット窓を壁面全体に設けている。無数の色ガラス片によって描き出された聖書の情景は総数 1113 面にもおよぶ。

サント・シャペル聖堂内部　13 世紀半ば　フランス

光で満たされた聖堂内部

「西洋中世の最も美しい発明」といわれるステンドグラスは、キリスト教信仰の展開とともに発達した光の芸術である。もともと、地中海地域を中心に厚手のガラスをはめ込む飾り窓の伝統が存在したが、中世初頭に細長いＨ形鉛《なまり》桟《ざん》が発明されると、多くの色ガラス片を複雑に組み合わせた美しい図像が生み出された。

さらにゴシック期には天井構造の発達に伴い壁面に大窓を設けることが可能となり、薄暗かった聖堂内部は色とりどりのガラスを通じて外光の射し込む光あふれる空間となった。とくに北部ヨーロッパでは、大型で華麗なステンドグラスが登場した。

しかし、宗教改革以降、ステンドグラスは神との直接対話を妨げる存在となり、無色透明なガラスと取り替えられて多くはその姿を消した。＊ 現存例の大半は、ゴシック・リヴァイヴァルが唱えられた十九世紀当時の復元だが、その素材・道具・技法は、あくまで中世以来の伝統に依拠しており、今日に至るまでほとんど変わることなく受け継がれている。

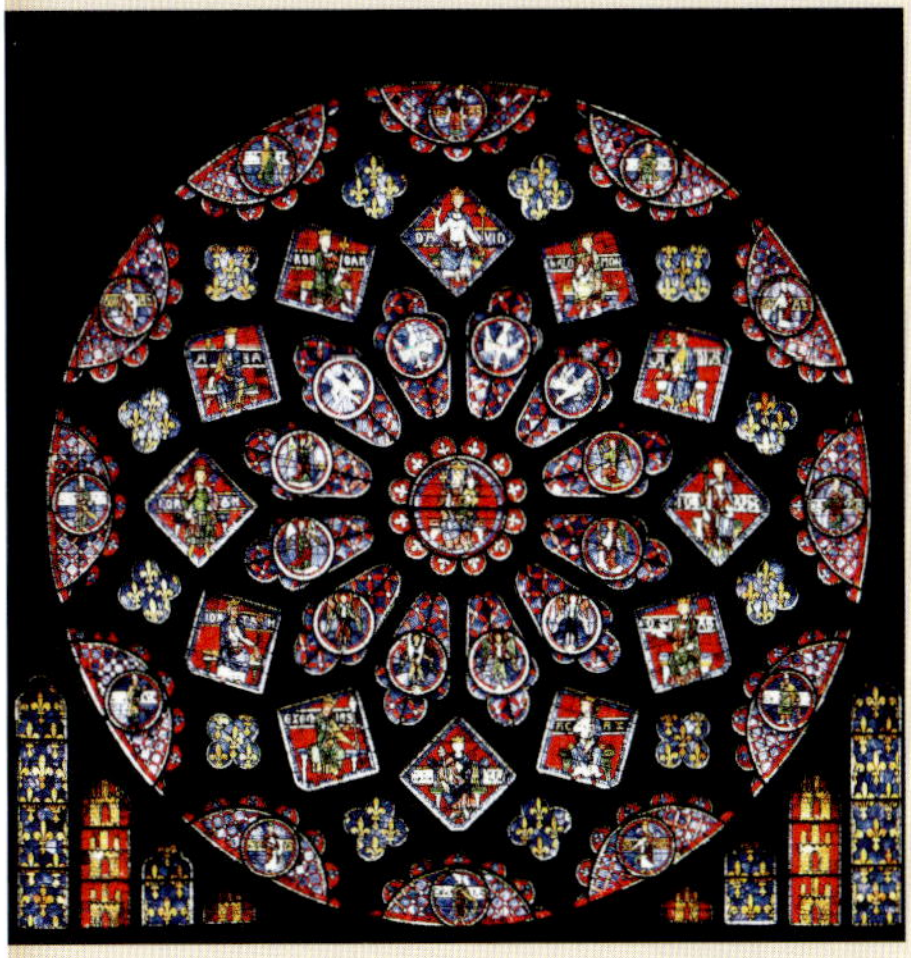

▲ バラ窓のステンドグラス　13 世紀頃
シャルトル大聖堂　フランス

＊　文字と音以外の表象を認めない聖書中心主義を唱えたプロテスタント勢力では、黒・灰・白を中心とした色彩体系が称揚され、赤や黄などの暖色系の配色は排斥対象となった。

Unicorn

第2章

中世

ユニコーン

ゴシック

◆額の中央に長い角を持ち、しばしば純白の馬の姿で表された想像上の動物。
◆乙女と描かれ、純潔や清純を象徴。
◆その角には毒を消す力があると考えられた。

▶《囚われのユニコーン》のタピスリー　15 世紀末
メトロポリタン美術館 / クロイスターズ分館　アメリカ

若い女性と描かれ獰猛さをひそめる

ユニコーン（一角獣）は、中世ヨーロッパにおいて信じられた想像上の動物である。ライオンの尾、牡山羊のあご鬚《ひげ》、二つに割れた蹄《ひづめ》を持ち、純白の馬のような姿で表され、螺旋《らせん》状の筋が入った長い角《つの》が額の中央から伸びる。勇猛で強い力を持ち、鋭い角で象さえも倒すと考えられた。

その角には毒を消し、病を癒す神秘的な力が宿るとされ、霊薬として盛んに求められた、海生哺乳類イッカクの牙《きば》がユニコーンの角と信じられた。猛々《たけだけ》しいユニコーンも処女の前では力を失い、おとなしく命令に服するとされた。若い女性や少女とともにユニコーンを描いた図像は、純潔や清純を象徴する。

ユニコーンの図像は中世ヨーロッパにおいてタペストリー（タピスリー）の画題として愛好され、十五世紀末に制作された《貴婦人と一角獣》や、《囚われのユニコーン》などがとくに著名である。

▲貴婦人に寄り添う
寓意のタピスリー

15 世紀末に制作された、6 枚の連作から成るタピスリーのひとつ。「視覚・聴覚・触覚・味覚・嗅覚・我が唯一の望み」という人間の知覚にかかわるテーマを描く。手鏡にユニコーンが映るこの場面は「視覚」を表す。ミルフルール（102 頁）の背景を持つタピスリーとしても著名。

《貴婦人と一角獣》（三番目の「視覚」のタピスリー・部分）15 世紀末
クリュニー中世美術館　フランス

▶ジェームズ 2 世の甲冑に施されたユニコーン（右）とライオン（左）　1686 年　ロンドン塔　イギリス

Topic

「違い」や「区別」を強調する
独特の意匠

縞（ミ・パルティ／バール）

Mi Parti/Bar

▲ P・ブリューゲル（子）《二人の道化師》 16世紀
ジョニー・ファン・ハーフテン・ギャラリー イギリス

社会的身分を示すデザイン

ある一定の面を複数の色で均等に分割して生まれる縞《しま》は、図柄自体と下地の関係が判然としない独特な印象を与える模様である。中世ではこうした認識が、社会規範や価値判断と強く結びついていた。階級や職業、信仰などの秩序体系が厳格に規定されていた時代、縞は「相応の身分にある成人」にはほとんど用いられなかった。一方、「ミ・パルティ」と呼ばれる二色等分の左右色分けデザインや、その反復で構成される縞模様「バール」は、道化師や楽師、異端、非キリスト教徒、受刑者、死刑執行人など、職業や宗教の違いから社会秩序の縁辺にいた人々の衣装に多かった*。また縞は、明確にほかと区別できる視覚的効果から「紋章」にも多用された。

縞模様による区別の感覚は現代まで受け継がれており、国旗はその好例である。また、ヨーロッパのサッカークラブのユニフォームも多くが縞模様であり、フィールド上でボールを激しく奪い合う敵味方を明確に区別している。

▲ **鮮やかな縞模様が職業を明示**

14世紀前半のドイツ・ハイデルベルクで成立した『大ハイデルベルク歌謡写本』（通称『マネッセ写本』）の1葉。この写本は、皇帝ハインリヒ6世やシチリア王コッラディーノ、地方の諸侯、さらには庶民の手による140篇もの宮廷風叙情詩や恋愛歌謡を138枚の色鮮やかなミニアチュールとともに収録している。写真では「フラウエンロープ」（女性／聖母賛美）の二つ名を持つ詩人ハインリヒ・フォン・マイセンをさまざまな縞模様の服を着た楽師たちとともに描いている。

『マネッセ写本』の挿絵より 1300年頃
ハイデルベルク大学図書館 ドイツ

＊ ただし、全ての縞模様が否定的にとらえられていたわけではない。縞模様は邪気を防ぐとされ、中世後期には王侯貴族のファッションとしてもてはやされた事例もある。

Vair/Hermine

ヴェール／アーミン

ゴシック

◆動物の毛皮柄に基づく意匠。
◆王侯貴族や高位聖職者のステイタス・シンボルとして身につけられた。
◆青地に白または銀の釣鐘形を並べた「ヴェール」、白貂などの毛皮を先端が黒い尻尾ごと継ぎ合わせた「アーミン」が代表的。

▶ アーミンの外套をまとったエドワード4世♦
『王国の立法文書』より　15世紀後半　大英図書館　イギリス

▲ 中世で好まれたヴェール模様

12世紀から西ヨーロッパ一帯では、織物の裏打ちに毛皮を用いる手法が盛んになった。とくにリスの腹部に生える白い冬毛が好まれたが、1匹につきわずかな1枚ずつしか得られないため、この毛皮裏をつけた衣装は大変高価であった。

《ドラゴンを退治する聖ゲオルギウス》（部分）14世紀半ば
サン・ゼーノ・マッジョーレ教会　イタリア

毛皮は支配階級の威信を示した高級衣服

毛皮は、古代からヨーロッパ全土で用いられてきた服飾素材である。当初は専ら防寒具としての性格が強かったが、中世に入ると織物の裏打ちに高価で美しい毛皮を用いる手法が、西ヨーロッパ一帯で盛んになった。

この契機となったのは十一世紀末から始まる十字軍遠征である。すでに毛皮の奢侈《しゃし》的な使用になじんでいたオリエント地域と

▲ 毛皮をまとう貴族『マネッセ写本』より
1300年頃　ハイデルベルク大学図書館　ドイツ

◀ 肖像画でも威光を放つ毛皮

肖像画は、西洋絵画のなかで一大ジャンルを占める絵画形式である。毛皮をまとった姿で描かれる王侯貴族は非常に多い。

A・ラムゼイの工房 《国王ジョージ3世の肖像》1761～62年 ナショナル・ポートレイト・ギャラリー イギリス

▲ ヴェールの紋章図像◆

▲ アーミンの紋章図像◆

の接触によって、新たな毛皮使用法が絹織物などとともにヨーロッパに伝わった。

とくに中世後期には、毛皮は見た目の美しさと手触りの良さから、王侯貴族や高位の聖職者が身にまとう代表的なステイタス・シンボルとなった。衣服が身分を表象する中世社会において、毛皮は権力や威信を示す手段だったのである。

毛皮柄を代表するデザイン

こうした毛皮から派生した特徴的なデザインに、「ヴェール」[*1]と「アーミン」がある。ヴェールは、リスの白い冬毛をつなぎ合わせた際にできる柄に由来し、青地に銀（白）の釣鐘形、ないし銀（白）と青の釣鐘形を交互に並べたパターンで表現される。

アーミンは白貂《しろてん》[*2]（冬毛状態のオコジョのことだといわれる）などイタチ科の動物の毛皮を、先端が黒い尻尾をぶら下げた状態のまま継ぎ合わせることで、白地に小さな黒い斑点《はんてん》が浮かぶのが特徴である。

これらの毛皮柄は、紋章パターンとしても好んで利用され、中世からルネサンスにかけての服飾スタイルの変遷と密接に関連しつつ、肖像画や宗教絵画のなかで高貴な人物がまとう衣服の柄として盛んに描かれた。

＊1 ヴェール [vair]、アーミン [hermine]。ともにフランス語が語源。
＊2 純潔や貞節のシンボルとみなされていた。

第3章

近代Ⅰ

15〜18世紀

王侯貴族の権力を代弁する装飾

「神」から「人間」へ。イタリア・ルネサンスと宗教改革によって、「人間」の時代が到来します。「新世界」、アメリカ大陸の発見とさらなる東方貿易の拡大は、ヨーロッパの王侯と商人貴族という世俗の権力に富を蓄積させます。

神聖ローマ帝国のカール五世（在位一五一九〜五六年）、イギリスのヘンリー八世（在位一五〇九〜四七年）、エリザベス一世（在位一五五八〜一六〇三年）、フランスのフランソワ一世（在位一五一五〜四七年）など絶対君主の権力が、贅《ぜい》を尽くした装飾美術を創造し、商人も都市や邸宅を華やかに飾ります。

「ルネサンス」「マニエリスム」「バロック」「ロココ」……。さまざまな様式が次々に花開き、王宮や市庁舎や聖堂は、色大理石、トルコの絨毯、中国のブルー&ホワイトの陶磁器などで飾られ、庭園には幾何学的なフランス式や自然を重んじたイギリス式でもシノワズリー風の庵などが模倣されました。ルネサンス期の古典様式の復興を超え、ヨーロッパの美術工芸はマニエリスム、バロック、ロココへと展開し、貴族の館から公共の広場までが、波打つカルトゥーシュやロカイユ装飾をまとう時代となるのです。

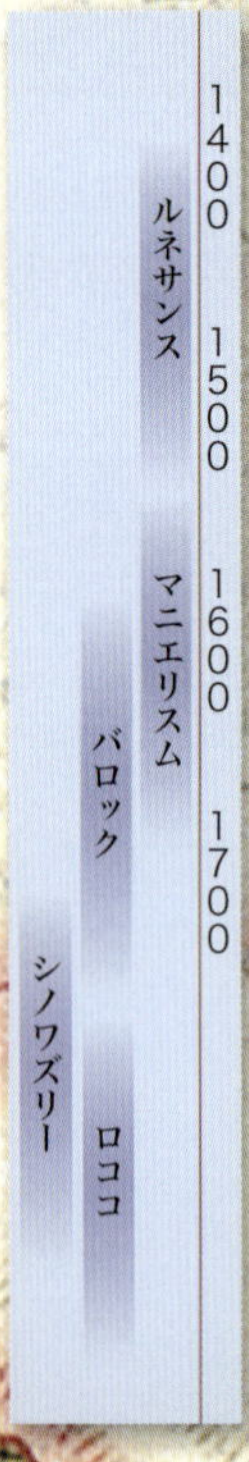

バロック

流動的で躍動感のある造形が特徴。先端が巻き上がったカルトゥーシュは、建築や工芸品の縁取り装飾に多用された代表的なモティーフ。

写本縁取りのカルトゥーシュ
『ユルバン公爵の生涯』より
16世紀　A・ラシネ
『世界装飾図集成』
（114頁）

マニエリスム

極度に歪んだ人体など奇抜な趣向の造形が流行。「欺瞞《ぎまん》」を意味する仮面は、恋愛を主題とした絵画で好まれた。

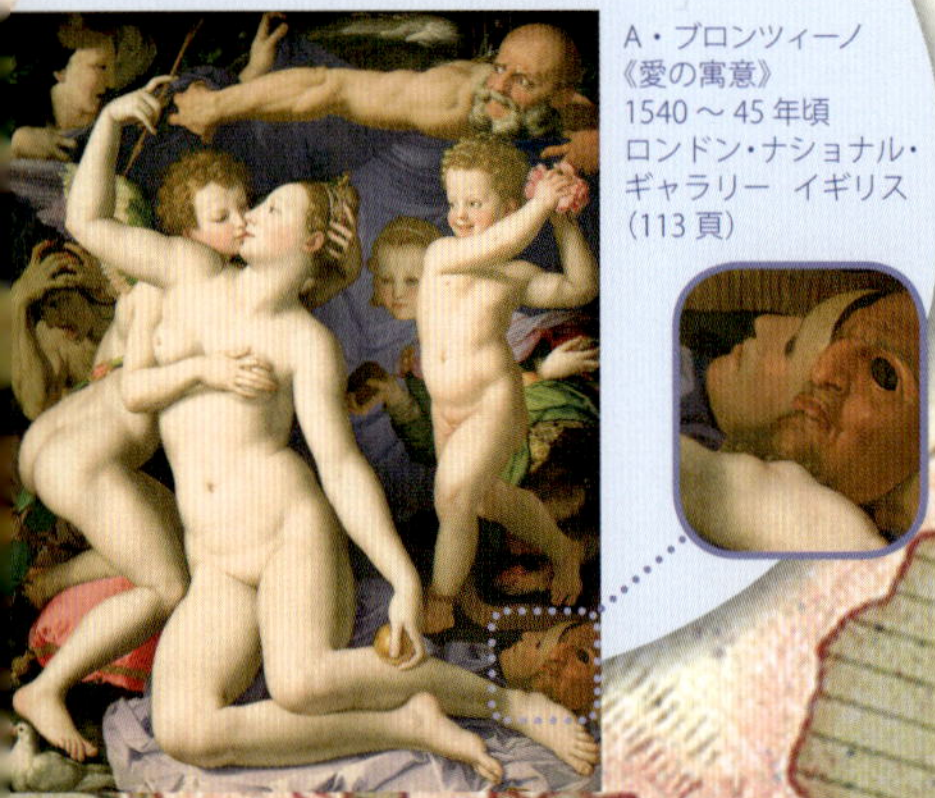

A・ブロンツィーノ
《愛の寓意》
1540〜45年頃
ロンドン・ナショナル・ギャラリー　イギリス
（113頁）

シノワズリー

17～18世紀のバロック、ロココ期に流行した「中国趣味」を意味する意匠の総称。中国の仏塔を模倣した建物や、中国風の人物や風景を描いたテキスタイルなどが盛んに制作された。

シノワズリーをモティーフにした絹織物♦　1740～50年頃
応用芸術美術館　ドイツ
（128頁）

ロココ

甘美で華やかな性格を持つ様式で、波のうねりや貝殻を思わせるロカイユはその代表。中国の柳文様を模し、東方への憧れを反映したウィロー・パターンなどもある。

塩入れボウル　1750年頃
ヴィクトリア・アンド・アルバート博物館　イギリス
（117頁）

ルネサンス

半人半獣や変幻自在な動植物などの組み合わせが見事なグロテスク装飾が流行。東西交易で西欧に伝播された絹織物や陶磁器にザクロないしブルーオニオンなどが多用された。

マイセン磁器の「ブルーオニオン」（101頁）

『ユルバン公爵の生涯』写本のグロテスク装飾　16世紀　A・ラシネ『世界装飾図集成』（106頁）

Pomegranate

ザクロ

ルネサンス

◆オリエントでは多産や豊穣を象徴し、ギリシア神話では冥界の果物、キリスト教ではキリストの再生のシンボル。
◆東方から渡来した絹織物や陶磁器を通じて多様なパターンが生み出された。

▶ 多彩ざくろ文タイル 17世紀前半
INAX ライブミュージアム / 世界のタイル博物館　愛知県

イエスの再生と復活を象徴

ザクロは西アジア、イランなどを原産地としユーラシアの東西に栽培が広まった果物である。堅い皮のなかに詰まった多数の果肉や、裂開部にのぞく真紅の色は、古代からさまざまなイメージの源泉となってきた。オリエントにおいては、ザクロは多子多産や豊穣への願いと結びつく文様であった。

古代ギリシアでは冥府の食べ物とされ、これを口にしたペルセポネ*が天上と冥界を行き来して暮らす定めとなったことで、春夏秋冬が生まれたとされる。やがてキリスト教にも受け継がれ、ザクロはイエスの再生と復活を象徴する果物になった。

東方の影響を受けて変容

中世以降には絹織物などの文様としても愛好された。絹織物の生産は中国から西方へと伝播し、十三世紀頃にシチリア島から北イタリアのルッカへと伝わった。十五世紀半ばよりヴェネツィアやジェノヴァで隆盛したヴェルヴェット（ビロード）には、ザクロのパターンがカーネーションなどとともに盛んに用いられた。その形態はマツカサ（44頁）やパイナップルなどと見《み》紛《まご》うものも多く、東方の影響を受けながら多種多様な展開を見せた。

十八世紀に磁器の焼成に成功したドイツのマイセンでは、中国の染付《そめつけ》磁器に見える吉祥《きっしょう》文

▶ **キリストのかたわらに実るザクロ**

キリストとその象徴である「XPI」のモノグラム（78頁）が、2個のザクロに挟まれたモザイク画。モザイク片で色の陰影をつけることで、肥えたザクロの丸みを表現している。

キリストとザクロを描いた床面モザイク♦
イギリス出土　4世紀
ドーセット州立博物館
イギリス

＊ ギリシア神話の最高神ゼウスと豊穣の女神デメテルの娘。冥界の王ハデスにさらわれ、デメテルの怒りが作物を実らなくさせた。ゼウスの調停により、一年の半分を冥界で、半分を天上で過ごすことになった。

▲ **皇后を荘厳するザクロ**

神聖ローマ皇帝フリードリヒ 3 世の皇后エレオノーレのまとう豪華な服は、おそらくイタリア製のヴェルヴェットであろう。左胸には抽象化したザクロからカーネーションらしき花が展開するパターンが見え、右胸と左上腕部には赤い実がのぞくザクロが 3 つずつ確認できる。

H・ブルクマイアー
《神聖ローマ皇帝フリードリヒ 3 世の皇后エレオノーレの肖像》
1452 年　アンブラス城　オーストリア

▲ 金襴ヴェルヴェットのザクロ文♦　15 世紀後半
メトロポリタン美術館　アメリカ

▲ W・モリス（デザイン）　壁紙《果実》あるいは《ザクロ》
1866 年　ヴィクトリア・アンド・アルバート博物館
イギリス

▲ マイセン磁器の「ブルーオニオン」

様のザクロが転写されたが、文様は誤って玉葱《たまねぎ》と解され、「ブルーオニオン」と呼ばれた。その謎めいた東洋風のデザインはヨーロッパ各地で歓迎され、今日まで生産が続く絵柄となったのである。

Millefiori/Mille Fleurs

ミッレフィオリ／ミルフルール

ルネサンス

◆「千の花」が横溢する文様。
◆ガラスの小花を器や写本にちりばめた「ミッレフィオリ」、タピスリーの背景を草花で埋め尽くす「ミルフルール」がある。

▶ミッレフィオリに用いるガラス棒

小花のモザイクガラス「ミッレフィオリ」

イタリア語の「ミッレフィオリ」とフランス語の「ミルフルール」は、ともに「千の花」の意であり、日本ではどちらも「千花《せんか》模様」と訳される。

ミッレフィオリは、紀元前三世紀末～後一世紀にかけて地中海一帯で盛んに制作されたモザイクガラスの模様を指す場合が多い。モザイクガラスは、複数の色ガラスを加熱して接着させ、金太郎飴のように細長く引き延ばしてから冷却・切断したものをひとつのモザイク単位とし、これを複数並べて再び加熱・接着させることによって成形する。

個々のモザイクは、放射文・渦巻《うずまき》文・同心円文・点列文など多岐にわたるが、それらを同心円状に配して生み出される模様は、色とりどりの花弁の集合体を思わせる。

またミッレフィオリは、中世のモザイクガラスや写本挿絵の背景柄を意味することもある。いずれも、さまざまな色が隙間なく敷き詰められているのが特徴である。

フランスのタピスリーに多用された「ミルフルール」

一方、ミルフルールは十五世紀のフランス製タピスリーにびっしりとちりばめられた草花表現が中心である。比較的リアルな形象であることが多く、地面に根を下ろして花を咲かせている植物を、一定のスペースに集めて描き出したような絵画的表現が多い。また、バラやユリ、チューリップなどさまざまな園芸植物を、個々の開花時期や原産地に関係なく、あふれんばかりに描き込んだ十七世紀オランダ絵画*も、ミルフルールに擬せられる場合が多い。

▲バラが一面に咲き誇ったようなガラス杯

モザイクガラスを雌型のなかに並べてから雄型を当て、加熱溶融して制作したミッレフィオリ杯。口径わずか9センチの小杯には、バラの花が一面に咲き誇ったような効果が見事に表現されている。

《ミッレフィオリ杯》 東部地中海地域出土 前1世紀末～1世紀半ば 岡山市立オリエント美術館 岡山県

* このような静物画は「ヴァニタス」(虚栄、および美や人生の儚さ)を示す寓意とされ、17世紀オランダ絵画の中心的主題であった。

▲ タピスリーをぎっしりと埋め尽くすミルフルール

タピスリー制作を専門とする職人は14世紀に登場し、巨大織面を持つタピスリーが登場するようになる。とくに15世紀には、フランスのロワール川流域で織面全体に草花を縦方向にぎっしりと並列させる特徴を持つ大型タピスリーが数多く制作された。この時期のタピスリーに見られる草花表現を、一般にミルフルールと呼ぶ。その後、草花を密に積み重ねる割付けは次第に後退し、16世紀に遠近法がタピスリーにも導入されるのに伴い、ミルフルールは完全に姿を消すことになる。

《囚われのユニコーン》のタピスリー　15世紀末　メトロポリタン美術館/クロイスターズ分館　アメリカ

▲ J・ブリューゲル（父）《花、宝石、コイン、貝の静物》
1606年　アンブロジアーナ絵画館　イタリア

▲ 中世の彩飾写本の背景を彩るミッレフィオリ

中世後期の彩飾写本のなかには、物語場面の背景を色とりどりの方形モザイク状に仕上げるものが少なくない。こうした背景柄を、便宜的にミッレフィオリと呼ぶ場合がある。

フィリップ4世に謁見するテンプル騎士団　15世紀
大英図書館　イギリス

第3章

近代Ⅰ

菱形

ルネサンス

Diamond

◆新石器時代から見られる基本デザインのひとつ。多くのヴァリエーションがある。
◆菱形を連ねて斜格子と見ることもできる。
◆カットグラス分野では「ストロベリー・ダイヤモンド」が流行した。

▶トランプのダイヤ柄

▼背景地に用いられた菱形 『聖母マリアのカンティガ集』写本より 13世紀 サン・ロレンツォ・デル・エスコリアル修道院 スペイン

多様な変化に対応できるシンプルな形

四辺の長さが全て等しく、対角線が直交することで生み出される菱形《ひしがた》は、ヨーロッパで最も早くから用いられてきたデザインのひとつである。そのシンプルな構成ゆえに、内角の角度変化に応じてさまざまにサイズを変えられるだけでなく、入れ子状にしたり、内区をほかの文様で充填《じゅうてん》することで、さらに変化をつけることが可能となる。そのため、菱形を基本とする文様のヴァリエーションはきわめて多い。

菱形自体は、すでに先史時代の土器や金属器などに認められるが、その後も技法や素材、地域や時代などにかかわらず、広く利用された。この手の斜方形は、「ダイヤモンド」、「ダイアパー」、もしくは「ロジンジ」などと呼ばれる。なお、最もなじみのあるヨーロッパの菱形としては、トランプ札に描かれた「ダイヤ柄」がある。

斜格子として窓やガラス工芸に

また菱形は、各辺隣り合わせに同一サイズで反復させることにより、一種の斜格子《ななめごうし》として扱うこともできる。斜格子は、窓や扉、門などのデザインとしても広く利用されたが、とくに英国では十五～十七世紀のテューダー朝時代を中心に、菱形のガラス板をはめ込んだ鉄格子窓が世俗建築を中心に大いに流行した。さらに、近代ガラス工芸の分野においては、斜格子とその菱形内部を魚々子《ななこ》状にカットし、これをイチゴの実に見立てた「ストロベリー・ダイヤモンド」がある。

▲タイル舗道の菱形装飾　14 世紀
ステイプルトン・コレクション　イギリス

▲ P・セザンヌ《アルルカン（道化）》 1888 ～ 90 年
ワシントン・ナショナル・ギャラリー　アメリカ

▲世俗建築で流行した菱形格子窓

菱形格子窓は、テューダー朝以来の伝統的なスタイルとみなされ、19 世紀における一連のドメスティック・リヴァイヴァル建築（＊）のなかでも多用された。

テューダー朝様式の菱形格子窓　16 世紀　イギリス

▶イチゴに見立てられる「ストロベリー・ダイヤモンド」

ストロベリー・ダイヤモンドは、英国・アイルランド系のカットグラスに多いカットである。格子状にカットした上で、内部をさらに細かく魚々子状に切るさまが、ちょうどイチゴ（ストロベリー）に見えることから、この名がついた。

カットガラス蓋付大鉢　サントリー美術館　東京都

＊ 19 世紀後半にイギリスで興った「住宅復興運動」を指す。産業革命後に台頭した中産階級のための住宅計画。都市の工業建築が進む一方で、建築家たちの間で推奨された。ウィリアム・モリスの《赤い家》などが代表的である。

Grotesque

◆古代ローマの装飾に由来し、人物や動植物などを多様に組み合わせたもの。
◆ローマ皇帝ネロの黄金宮殿の発掘により、ルネサンス期以降とくに流行した。
◆画家ラファエロが回廊の装飾に用いたことから「ラファエレスク」ともいう。

▶『ユルバン公爵の生涯』写本のグロテスク装飾 16世紀 A・ラシネ『世界装飾図集成』

グロテスク

ルネサンス
マニエリスム

異形の生き物が織り成す万華鏡

グロテスクは、古代ローマの人工洞窟（グロッタ）や宮殿の内部に施された装飾に由来する。動物、植物、人物などが自然物の形態や大きさを無視して変幻自在に組み合わされ、万華鏡《まんげきょう》のように遊戯的で、かつ対称的なパターンを成す。

▲「グロテスク」流行の発端となった黄金宮殿

黄金宮殿（ドムス・アウレア）は15世紀末に発見されてから、洞窟のようになった宮殿内部の壁画や彫刻に人々の関心が集まり、グロテスク装飾流行の端緒となった。

天井のグロテスク装飾 1世紀 黄金宮殿 イタリア

一四八〇年に発掘された古代ローマ皇帝ネロ（在位五四～六八年）の黄金宮殿は、グロテスク装飾が蘇《よみがえ》る起爆剤となった。内部を飾る装飾は、ルネサンス期の人々を驚かせ、遺構の洞窟のような状況から「グロテスク」と呼ばれた。画家ラファエロとジョヴァンニ・ダ・ウーディネが、ヴァチカン宮殿の回廊（ロッジア）に施したグロテスク装飾はとくに同時代の注目を集め、建築や陶器に用いられるようになった。このことからグロテスク装飾を「ラファエレスク」とも呼ぶ。

十八世紀ロシアの女帝エカテリーナ二世（在位一七六二～九六年）はヴァチカンのロッジアとグロテスク装飾を精密に模した回廊をエルミタージュ宮殿に設け、これを「ラファエロのロッジア」と呼んで愛好した。

▲ルーヴル宮殿・アポロン回廊の壁に描かれたグロテスク装飾 17世紀 A・ラシネ『世界装飾図集成』

▲ 美術館の天井に現れる幻想的な小宇宙

メディチ家のコジモ１世（在位 1537 ～ 74 年）が創設したウフィツィ美術館の回廊の天井には、息子フランチェスコ１世（在位 1574 ～ 87 年）の時代に描かれたグロテスク装飾が見られる。風景画、非実在の動植物、プットー（50 頁）、マスク（112 頁）、武具など、さまざまなモティーフが中央から放射状に広がり、幻想的な小宇宙を創り上げている。

天井のグロテスク装飾　16 世紀後半　ウフィツィ美術館　イタリア

▶『ユルバン公爵の生涯』写本の縁取り装飾
16 世紀　A・ラシネ
『世界装飾図集成』

Topic

色とりどりの草花や噴水、
造園のデザインが目にも楽しい

庭園装飾

Garden Decoration

▼刈り込みを迷路状につないだ「メイズ」

メイズは刈り込みした樹木を迷路状につなぎ合わせたもの。ただ眺めるだけでなく実際にそのなかを歩くことができるところに大きな楽しみがある。トラクエア・ハウスのメイズは、1981年に新しく設計されたものだが、一般の見学だけでなく結婚式や映画撮影などでもしばしば利用されている。ヨーロッパで今もメイズが装飾園芸として広く親しまれている証拠といえよう。

メイズ　1981年　トラクエア・ハウス　イギリス

秩序と調和を重んじた「整形式庭園」

庭園とは本来、精神と肉体を休め、安らぎを得るための「地上の楽園」であり、ヨーロッパにおける思想・宗教・文学・科学などのさまざまな知と表現の源泉であり続けた。

ヨーロッパで庭園文化が本格的に花開くのは、ルネサンス期およびそれ以降である。丘陵地を削平《さくへい》してテラスを軸線上に何段も重ね、各テラスに色とりどりの花を植えた花壇や、噴水、水路、並木道を配した庭園が登場し、とくにイタリアとフランスで発達した。この時期は、線対称の平面プランを持ち、庭園内の各要素は、円・正方形・直線など幾何学的デザインを特色としている。それは秩序や調和を根本に置くプラトン的自然観（理性による自然理解）を忠実に具現化したもので、一般に「整形式庭園」もしくは「幾何学式庭園」と呼ぶ。

訪れる人の目を楽しませる庭園芸術が発達

十七世紀のバロック期の整形式庭園には、絶対王政の秩序が色濃く反映され、各国で大規模な造園が行われた。庭園は、宮廷外交や社交、遊興の場となり、来園者を楽しませるさまざまな装飾要素が盛り込まれたのである。

整形式庭園を彩った代表的な庭園装飾として、ノット（結び目）、メイズ（迷路）、トピアリー（刈り込み）がある。これらは樹木を刈り込む園芸術であり、精緻な幾何学的形態をとることが多かった。樹形を自然なままにせず、入念な刈り込みによって人工的な形に仕立て上げており、植栽を大規模な装飾芸術にまで引き上げた。

▲幾何学的な造形で「愛の寓意」を表現

フランス・ロワール渓谷にあるヴィランドリー城はフランス最後のルネサンス式城郭として貴重であり、なにより城館を囲んだ3層のテラスから成る庭園で有名である。とくに第2層は、ツゲの木とバラを中心に、美しく造形された幾何学式庭園であり、4つの「愛の寓意《ぐうい》」（やさしい愛、情熱的な愛、移り気な愛、悲劇的な愛）を表現している。何度か所有者が変わったために一時荒廃したものの、20世紀になって見事に復元された。

幾何学式の庭園　18世紀　ヴィランドリー城　フランス

◀大傘の形に刈り込んだ「トピアリー」

1694年に建設されたこのマナーハウス（荘園居館）は、トピアリーの多さで知られる。なかでも高さ6メートルものイチイの木を刈り込んだ2体の「グレイト・アンブレラ（大傘）」は、300年以上にわたり樹形が維持されている巨大トピアリー。雨が降ればこのトピアリーの下で雨宿りができるほどである。

「グレイト・アンブレラ」のトピアリー　17世紀
レーヴェンス・ホール　イギリス

アラベスク

唐草や星形が織り成す緻密な文様の宇宙

❖ヨーロッパを魅了したイスラームの文様

アラベスク文様は、モスクや宮殿の建築装飾をはじめとしてトルコやペルシアのカーペットやラスター彩の陶磁器などを飾る、イスラーム美術の代表的文様。「アラベスク」とは「アラビア風の」という意味で、ルネサンス期のヨーロッパ人が名づけた。

アラベスク文様には、繊細に絡み合う唐草文様のタイプと、星形や放射状のパターンで緻密な幾何学文様を構成するタイプがある。モスクなど宗教施設の装飾では、コーランの文字とともに表現されることが多い。

この文様は、地中海と北アフリカを交流の道として、七世紀にスペインのアンダルシア地方に定着したイスラーム勢力による建築（アルハンブラ宮殿など）や工芸を通じてヨーロッパに知られるようになった。本格的には十字軍の遠征をきっかけに盛んとなった十三世紀以降の東西交易によって、イスタンブールやダマスクスなどの織物・金属工芸などが、ヴェネツィア、ジェノヴァ、アマルフィ、シチリア島ほかイタリア各地の交易都市からヨーロッパ諸国に伝えられていった。

ルネサンス絵画の貴族の肖像画の衣装はもちろんのこと、本の装丁、楽器の装飾にもアラベスク文様は盛んに表現された。

イランの古都イスファハンのモスクなどに見られる蜂の巣のような「ムカルナス」や「スタラクタイト」とアラベスク文様の競艶は見事で、このような装飾の美がヨーロッパの人々を大いに魅了し、模倣されることになる。

❖近代にさらに関心が高まった「オリエント」の表象

十九世紀、ヨーロッパのオリエント進出に伴って、フランス、イギリ

モスクのアラベスク装飾（ウズベキスタン）

▲文字装飾の間を埋め尽くす

▲星と唐草の組み合わせ

▲緻密なアラベスク文様のムカルナス

▲アラベスク文様の壁面モザイク　17 世紀後半
アル・ブルダイニ・モスク　エジプト
P・ダヴェンヌ『アラビアの装飾芸術』

▲天井のアラベスク装飾　17 世紀後半　アル・ブルダイニ・モスク　エジプト
P・ダヴェンヌ『アラビアの装飾芸術』

▲カイロの建築を飾るアラベスク文様
O・ジョーンズ『装飾の文法』

▶ヨーロッパ貴族の衣装を彩るアラベスク

コジモ・デ・メディチ（コジモ１世）と結婚したトレドの貴族の娘エレオノーラのドレスを彩るアラベスク文様。腹部を守るようにデザインされたザクロの意匠は当時の人々の目を奪った。

A・ブロンツィーノ《トレドのエレオノーラと息子ジョヴァンニ》（部分）1545 年頃
ウフィツィ美術館　イタリア

人、ドイツなどの列強が、アラベスク文様を「オリエント」の表象として愛好した。『アルハンブラ物語』や『アラビアン・ナイト』が読まれ、一八五一年の第一回ロンドン万博では、アラベスク文様に心酔するデザイナーで建築家のオーウェン・ジョーンズが『装飾の文法』（一八五六年）を編纂し、人々のアラベスク文様への関心の深さを示した。今日、パリの植物園前にはモスク・カフェが名残を留めて、ヨーロッパのオリエントへの夢を語り継いでいる。

▲現代のランプ・シェード・デザインとアラベスクの意匠
イタリア

Mask

仮面（マスク）

ルネサンス
マニエリスム

◆顔を隠し、欺瞞や死を表す。
◆今日につながる仮面のイメージは、ルネサンス期イタリアで成立し、絵画や建築装飾に登場。

▶演劇用仮面　ファウヌスの家の壁画より
前2世紀　ナポリ国立考古学博物館　イタリア

仮面の着用は鉄器時代からの伝統

仮面は歴史的に悪徳全般の象徴とされてきた。悪徳とは偽装されるものであり、仮面をつけることは「本性を隠すこと」に通じる。それゆえ、仮面は悪徳のなかでもとくに「欺瞞《ぎまん》」を意味し、さらに「隠す」という意味合いから「夜」や「死」の象徴ともみなされた。

仮面自体の伝統はきわめて古く、鉄器時代の墳墓からは被葬者の顔を覆う金属製の仮面が多数出土している。また、古代ギリシア・ローマでは演劇上演時に仮面が多用されていたことが、当時の壺絵やモザイク画からもうかがうことができる。

ルネサンス期にイメージが定着

今日に直接つながる仮面のイメージは、東方貿易で繁栄をきわめたルネサンス期イタリアで成立した。「道化師」や「嘲笑」を意味するアラビア語「マスハラ」から「マスケラ」（仮面）という単語が派生し、十六世紀にはルネサンスの拡大とともにヨーロッパ各地に波及した。以

▲ 分離派会館の正面を飾るゴルゴン三姉妹のマスカロン
モダンデザインの源泉のひとつとなったウィーン分離派の運動のなかにも、マスカロンを見出すことができる。「黄金のキャベツ」の名で今も親しまれているヨーゼフ・オルブリッヒ設計の分離派会館のエントランス部分には、伝統的なマスカロン意匠が用いられている。
建築意匠としての「仮面」◆ 1898年　ウィーン分離派会館　オーストリア

▲ 劇場を飾った仮面の石彫　前1世紀
オスティア遺跡の野外劇場跡　イタリア

後、仮面は肖像画や群像画、静物画など絵画に多く登場し、とくに恋愛関係を表す場面や愛の女神ヴィーナスとともに描かれ、「恋に嘘はつきもの」というニュアンスを伝える表現として機能した。

また仮面は建築分野でも用いられ、「マスカロン」と呼ばれる仮面形壁面装飾やグロテスク意匠（106頁）の構成要素としても好まれた。その形態・相貌は多様で、「グリーンマン」（87頁）も仮面の一種と見なす場合がある。

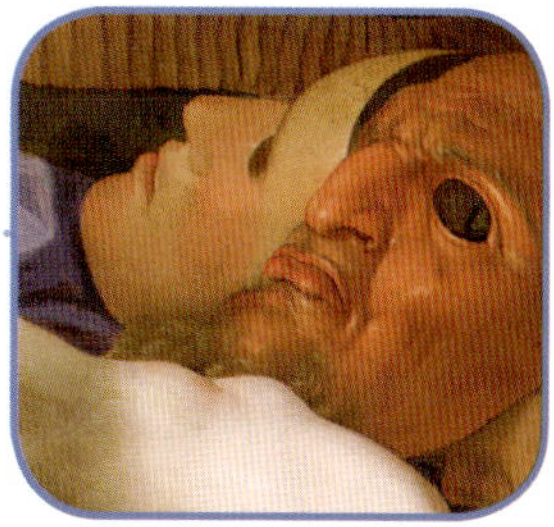

◀ヴィーナスの欺瞞をほのめかす仮面

ブロンツィーノは、華やかで明快な色彩と高度な形式美で知られるマニエリスム最大の画家である。さまざまな解釈がなされるこの絵の基本的主題は「ヴィーナスの勝利」。ヴィーナスの足下には「不誠実」と「偽り」を表す仮面が落ちており、「真理」の「寓《ぐう》意《い》」とみなされる画面左上の人物もよく見ると仮面である。これはクピドを欺いて矢を取り上げ、彼の力を失わせるヴィーナスの欺瞞を示してもいる。

A・ブロンツィーノ《愛の寓意》1540～45年頃
ロンドン・ナショナル・ギャラリー　イギリス

▲冬のヴェネツィアを彩る仮面の競艶

毎年冬に開催されるヴェネツィアのカーニヴァルは、きらびやかな衣装とともに幻想的な仮面を用いることで知られる。中世以来、貴族から庶民までが仮面をつけて身分を隠し、ともに羽目をはずすことができた。現在では独創的な造形の「ファンタジー・マスク」が数多く考案され、水都ヴェネツィアに夢幻的な彩りを与えている。

ヴェネツィアのカーニヴァルのマスク　イタリア

Cartouche

カルトゥーシュ

バロック

- 巻物の形態を前身とする。
- 建築装飾や額縁状のデザインとしてバロック期を代表する装飾。
- 18 世紀にはロカイユと融合し、より自由で不定形の形が作られた。

▶ 写本縁取りのカルトゥーシュ 『ユルバン公爵の生涯』より 16 世紀 A・ラシネ『世界装飾図集成』

「巻物」を思わせる渦巻のような形態

ヨーロッパの装飾美術におけるカルトゥーシュは、建築や絵画、工芸品などに見られる、渦巻《うずまき》状の縁飾りの総称である。縁飾りの中心には楕円形や円形、盾形や不定形の枠が設けられ、図柄や紋章、銘文などが記される。

カルトゥーシュの語源は、古代ギリシア語の「カルテース」＝「パピルスの紙」にさかのぼる。十二世紀前後にイベリア半島やイタリアにイスラーム世界から紙の製法が伝来するまで、ヨーロッパの主要な書写媒体は古代においてはパピルス、中世にかけては羊皮紙（パーチメント）であった。また、書物の形に東洋の巻子本と似た巻物が存在した。カルトゥーシュは、巻物の軸端に現れる渦巻状の形態にちなむことから「巻皮装飾」とも邦訳される。

バロック美術を特徴づける装飾

ルネサンスに続くマニエリスムの時代に、カルトゥーシュは渦巻装飾（ヴォリュート）と重なり合い、縁飾りが肥大化し、額縁状の装飾と

カルトゥーシュの前身

カルトゥーシュの直接的な先駆例に、銘文を記した羊皮紙の巻物がくるくると空中に翻る「銘文帯（バンデロール）」がある。銘文帯は後期ゴシック期の彫刻や絵画のほか、テキスタイルや陶器の絵付けなどに幅広く用いられた。図左のフレスコ画は、世界の終末と最後の審判を描いた天井画より、天空を巻き取る天使。太陽や月が描かれた巻物は宇宙を象徴している。

▲ 天空を巻き取る天使を描いた天井フレスコ画 1315～21 年 カーリエ博物館 トルコ

▲ フレスコ画に描かれた銘文帯を手に持つ人物◆ 1581～1601 年 スチェヴィツァ修道院 ルーマニア

▲ ジョルナイ工房の紋章を囲むカルトゥーシュ
19 世紀半ば　ハンガリー

▲ バロック的装飾の典型

カルトゥーシュそれ自体が中心的モティーフとして扱われ、バロック的装飾の典型といえる。イタリアのトリノを代表する後期バロックの建築家、フィリッポ・ユヴァッラによる。

F・ユヴァッラ　教会のファサードのカルトゥーシュ
1715 ～ 18 年　サンタ・クリスティーナ教会　イタリア

▶ 巻物を開いたかのような立体感

フランソワ1世のギャラリー壁面に見られるカルトゥーシュ装飾。人物の上部と下部はそれぞれ、渦巻状の形、巻物を模した形によって表現されている。

フランソワ 1 世のギャラリーのカルトゥーシュ装飾
16 世紀前半
A・ラシネ『世界装飾図集成』

▲ 地図の名称を飾るカルトゥーシュ　ブラウの世界地図より
17 世紀

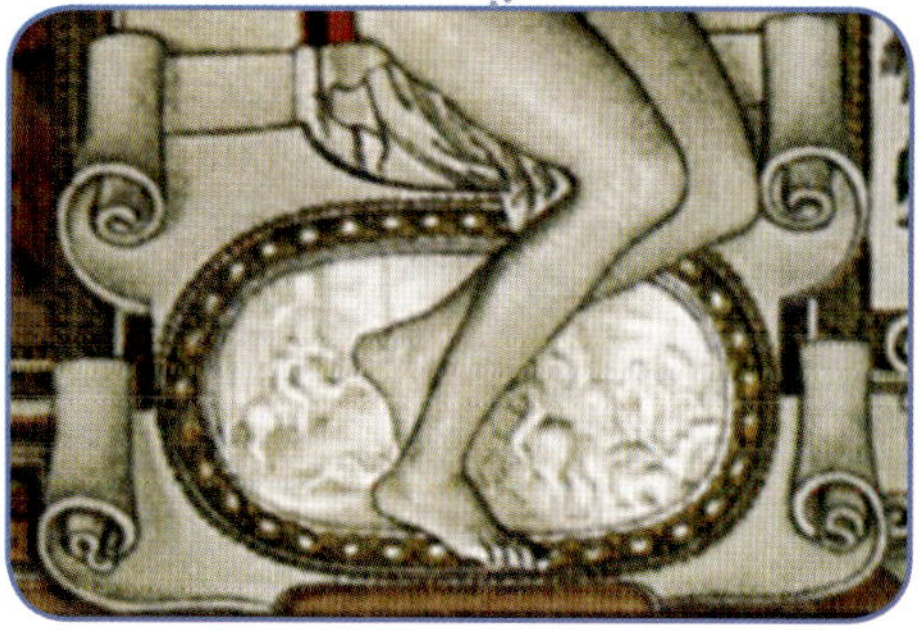

して発展した。その契機はフランス国王フランソワ一世（在位一五一五～四七年）によるフォンテーヌブロー宮殿の造営である。「フランソワ一世のギャラリー」に見られる丸彫り状のストゥッコ（漆喰《しっくい》装飾）や木製鏡板には、巻紙状の端部を壁面装飾として強調したカルトゥーシュが用いられ、ヨーロッパ各地で模倣された。

十七世紀から十八世紀にかけて、カルトゥーシュはより複雑で多様な形態へ進化し、バロック期の建築や工芸を特徴づける装飾となった。十八世紀には非対称で不定形なロカイユ（116頁）の意匠と融合し、展開を遂げていく。

ロカイユ

Rocaille

ロココ

◆17～18世紀に流行した庭園の人工洞窟や噴水を飾った貝殻や岩に由来。
◆食器や家具などのデザインのほか、室内装飾や建築各部に多く用いられ、18世紀の美術様式「ロココ」の語源ともなった。

▶ピアノの側面に施されたロカイユ装飾
1822年頃　浜松市楽器博物館　静岡県

「ロココ」の由来となった奇想のフォルム

ロカイユは、十七～十八世紀の庭園に流行した、貝殻や自然の岩石を積み上げた人工洞窟や噴水の台座などの装飾的デザインに由来する。

ロカイユが諸工芸に応用され始めたのは、一七三〇年代のフランスである。金銀細工や鋳物、陶磁器など、素材の可塑性《かそせい》を活かす分野から始まった。波形のうねりや、アクキガイ類*を思わせる非対称の曲線を特色とし、海洋のうねりや泉から湧く水など、流動する物体の一瞬を切り取ったようなデザインである。

また、幾何学的な構図や規則的なパターンから逸脱する傾向が強く、「奇想《ビザール》」の様式とされる。ロカイユは、カルトゥーシュ（114頁）と融合し、額縁自体が装飾の主体となった。

ロカイユはヨーロッパ各地に伝播し、城館や教会などの外部の装飾にも用いられた。その名称は十八世紀半ばの美術様式を総称する「ロココ」の語源にもなっている。

▲モンティニーのシャルトレール館の入口門の装飾（上端部分）◆
1744年　フランス

▲ロカイユ装飾図　18世紀
A・ラシネ『世界装飾図集成』

＊アクキガイ類は貝紫染めの原料として古代から珍重され、その技法が途絶してからは貝殻が愛でられた。

▲ 扇一面を軽やかに彩るロカイユ

赤、青、金に彩色されたロカイユの集合体が、軽やかに踊るようにして図柄のまわりを取り囲んでいる。ロココ様式の最盛期を彩る華やかな作品である。

扇に描かれたロカイユ装飾　18 世紀後半
A・ラシネ『世界装飾図集成』

▲ 華やかな彩色のロカイユ形塩入れ

紫と金で端部を彩色したロカイユが大胆な造形を見せる塩入れ。C 字型の曲線が形作るロカイユの上にはボウルを両手で支えた女性が腰を掛け、背後の男性も小さなボウルを前に持つ。18 世紀ロココ様式特有の優美さと軽やかさが表れた好例。

塩入れボウル　1750 年頃　ヴィクトリア・アンド・アルバート博物館　イギリス

▶ T・チッペンデール
壁掛け時計のデザイン
1754 年

▲ T・チッペンデール　水盤のデザイン　1754 年

Topic 9

西欧文明を支えた
上質な書物と装飾

皮革装丁

Leather Binding

中世からひとつの装飾芸術として発展

ヨーロッパの生活文化において、皮革製品はきわめて重要な位置を占める。なかでも皮革を用いた書物は、西欧文明を後世に伝え、その発展を促してきた工芸であり、さまざまな装飾が凝らされる表現媒体でもあった。紙が伝来する以前の中世ヨーロッパでは、記録を書き記す用紙自体もパーチメント（羊皮紙）であり、なめし加工を施したレザー（革）は貴重な書物の表紙として用いられた。手書きによって制作された聖書や時禱書《じとうしょ》などの彩飾写本（60頁）には、貴金属や宝石などをちりばめた華麗な飾り金具や、革に型押しによってさまざまな文様を施した表紙が付され、ひとつの装飾芸術として美しく、視覚に訴える工夫が凝らされた。

出版物の普及と美麗な装丁の発達

グーテンベルクによる活版印刷術の発明とルネサンスの到来により、西欧の出版文化は大きな画期を迎える。出版物の増加は製本の技法にも影響をおよぼし、多様な様式が展開していく。また書籍の普及は各地に高い学識を持った愛書家を輩出した。16世紀のフランスを代表する愛書家ジャン・グロリエは三千冊もの蔵書を有し、好みの革装丁を施したことで知られる。モロッコ革に金箔によるアラベスクの型押しをした表紙は「グロリエ風」と呼ばれ、革装丁の範例として後世の愛書家たちの垂涎《すいぜん》の的《まと》となった。

▲ヨーロッパとイスラームの意匠が融合したグロリエ風装丁

カルトゥーシュ（114頁）とアラベスク（110頁）によるグロリエ風装丁の聖書の表紙中央に、メダイヨン（136頁）とイスラーム風のアラベスクを金箔で表し、周囲を緑と白のカルトゥーシュで囲む。

J・グロリエの様式に由来する聖書の皮革装丁　1545年　フランス

▲ **赤と黒の組み合わせが目を引くアール・デコの装丁**

近現代のフランスを代表する製本家、デザイナーのひとりであるポール・ボネ(1889 〜 1971 年)による皮革装丁。美麗なシボ（革表面の皺）の入った赤と黒のモロッコ革とマーブル・ペーパー（138 頁）を組み合わせ、直線と直角によるアール・デコ（149 頁）の表紙を制作した。3 冊の背表紙を合わせると幾何学的な意匠が現れる。

P・ボネ　モロッコ革の装丁 *“Jules Vallés, L'Enfant, Le Bachelier, L'Insurgé”*　1920 〜 23 年

▲ **背表紙のわずかな空間に華やぎを**

背表紙の金箔押し装飾の一例。壺のなかから伸びる唐草状の植物文様が金箔押しによって表されている。

唐草文様の金箔押し装飾　P・R・ド・モンモール『偶然のゲームに関する解析試論』の背表紙より　1713 年　京都大学理学部数学教室　京都府

▲ ザクロ文様の金箔押し装飾
S・リチャードソン『クラリッサ』の背表紙より
1754 年　書物の歴史と保存修復に関する研究会
奈良県

▲ヴェネツィアのさまざまなとんぼ玉　佐野コレクション　福岡県

シェヴロン玉

ヨーロッパとアフリカをつないだカラフルなガラスビーズ

❖アフリカまで輸出されたヴェネツィア産ビーズ

ヨーロッパでは、今も各地でガラス工芸が盛んである。いずれも透光性の高い容器類が中心だが、古代から全く別系統のガラスも存在していた。それが「とんぼ玉」[*1]と総称される、模様入りのガラスビーズである。とくにヴェネツィアでは早くからビーズ生産が盛んであり、十三世紀以降になると当地のビーズはフランドル地方をはじめヨーロッパ各地で流通した。

広い商圏を確保していたヴェネツィア産ビーズのなかでも注目されるのが、「シェヴロン玉」である。本来シェヴロンは、山形文を縦に重ねた文様意匠として有名だが、ガラスビーズの分野でも、胎部に不透明な色ガラスを幾重にも被せた同様のデザインがある。[*2]

十六世紀以降、シェヴロン玉はヴェネツィアのみならずオランダ[*3]各地でも盛んに制作され、はるかアフリカ大陸にまで輸出された。とくに西アフリカ一帯では、ミッレフィオリ（102頁）技法によるビーズ類とともに富や権威の象徴として大いに珍重され、金や宝石、象牙、奴隷などと盛んに交換された。ガラスビーズは、ヨーロッパの海外進出とも深い関係を持っていたのである。

▲緑のシェヴロン玉
17～20世紀
佐野コレクション　福岡県

▼ミッレフィオリ技法による
ガラス玉

▲シェヴロン玉のネックレス　16 世紀　佐野コレクション　福岡県

▲アフリカにもたらされたミッレフィオリ技法のネックレス　17～20 世紀　佐野コレクション　福岡県

❖異国の工芸で新たに生まれ変わる

ビーズの直径は最大でも五センチほどで、片手にすっぽりと収まってしまうサイズである。しかもステンドグラス（93頁）やカットグラス（126頁）に比べると、熟練工による高度な技術を必要とせず、大量生産が比較的容易である。そのため、軽くて愛らしい無数のビーズが、はるか遠方にまで運ばれていくことになった。そして、シェヴロン玉に代表されるヨーロッパのビーズは、輸出先でエキゾティックな威信財として新たな価値をまとい、さらには現地で色とりどりのビーズを綴り合わせたビーズ装飾を生み出し、のちのフォークアートにもつながる工芸が成立する契機ともなった。

その一方で、ヨーロッパでもこうした「ビーズトレード」を介して象牙細工などの新たな工芸が生まれ、珍しい異国の産品とともに各地の宮廷コレクションを彩った。

＊1 模様のあるガラス玉をトンボの複眼に見立てたため、「とんぼ玉」と呼ばれたといわれる。
＊2 上下の両端には、鉛筆を削った際にできるような星形のジグザグ文の層が現れるため、「ロゼッタ玉」や「星形玉」と呼ばれることもある。
＊3 オランダ産のシェヴロン玉は、中東から東南アジアにまで輸出され、当時重要な交易品であった。

Topic

最高級の技術が紡ぎ出す
繊細な芸術品

レース

Lace

十六世紀に現在の形に発展

レースは紀元前にまでその歴史をたどることができるが、現在のような精緻な技法が発達したのは十六世紀になってからのことである。その中心となったのが、ヴェネツィアとフランドル地方のアントウェルペンであった。

小さなボビン（糸巻）を用いる「ボビン・レース」はヴェネツィアで、字義通り針（ニードル）で作られる「ニードルポイント・レース」は両都市でほぼ時を同じくして誕生し、レース技法の主流とされた。十六世紀後半、縁《ふち》取《ど》りをレースで飾るフレーズ（円形のひだ衿）が王侯貴族や市民階級の間で流行すると、ヨーロッパ各地

▲ **星とバラをイメージした伝統的なレース**

星とバラの形の幾何学文様が美しい、エギュイエール元帥夫人のフレーズ。ニードルポイント・レースから発展した「プント・イン・アリア」で飾られている。

画家不詳《エギュイエール元帥夫人マリ・ヴィニョン》
1600 ～ 20 年　グルノーブル美術館　フランス

◀ **ボビン・レース**

ボビン（糸巻）に糸を巻きつけ、何本もの糸を交差させたり、ねじったりして編み上げる。

ボビン・レース　1580 ～ 60 年
ヴィクトリア・アンド・アルバート博物館　イギリス

◀ **プント・イン・アリア（空中ステッチ）**

布上にステッチを作らず、１本の針と糸だけで作る技法がヴェネツィアの職人によって生み出された。写真は衿用の飾りと思われる。

プント・イン・アリア
1600 ～ 20 年　ヴィクトリア・アンド・アルバート博物館　イギリス

◀ **ポワン・ド・フランス**

17世紀後半にフランスで流行したニードルポイント・レース。写真は家具の縁飾りとして制作され、バロック様式とインド、ペルシアの影響を受けた幻想的なモティーフが見られる。レース芸術をきわめた作品としても名高い。

ポワン・ド・フランス 1670～1715年
ヴィクトリア・アンド・アルバート博物館 イギリス

で制作されるようになる。この頃のレースは、星や菱形《ひしがた》などの幾何学的なモティーフが主体であった。金糸や銀糸を用いた高価なレースも制作され、衿はもとよりカフス、ドレス、スカーフなど服飾に欠かせない装飾品として、宝石以上の価値を持つほどまでに愛好された。

ヨーロッパを代表する伝統工芸へ

十七世紀になるとレース産業の中心地はフランスへと移り、当時隆盛していたバロック様式がレースのデザインにも影響を与えた。以前の幾何学的なモティーフは、植物を主体とした重厚でリズミカルなものへと変化していった。

ロココ文化が花開いた十八世紀には、より繊細で軽やかなデザインが好まれ、地域ごとの特色をはっきりさせるようになる。服飾以外にインテリアとしても愛好され、ヴェルサイユ宮殿の「皇妃マリー・ルイーズの間」のために、花環文様を織り出したレース飾りが制作された。

十九世紀初頭、産業革命によりレースの機械化が進み、精巧なデザインが量産されたことで、一般に普及することになった。しかし手作りのレースの技法は現代においても、ヨーロッパの伝統工芸として各地に受け継がれている。

▲ レース風花環文様 1810年頃
リヨン織物博物館 フランス

Willow Pattern

ウィロー・パターン

ロココ

◆18世紀末のイギリスで生まれ、柳や楼閣、橋、小船など、中国風の情景を描いたパターンを指す。
◆オリエンタルなイメージが愛好され、現代でもティーカップの絵柄として用いられている。

▲ ウィロー・パターンのティーカップとソーサー
ニッコーの山水シリーズより

中国の陶磁器を想起させる東洋的なパターン

十八世紀末から十九世紀のイギリスにおいて最も流行し、世界中に伝播したウィロー（柳）をモティーフとする装飾が「ウィロー・パターン」である。一説には一七八〇年頃、イギリスにおいてミントン社*の祖トーマス・ミントンが創案した図案ともいう。そのデザインは、いくつかの特徴的なモティーフの組み合わせによって構成される。幾何学的なボーダー、楼閣《ろうかく》とアーチ式の橋、橋上の二～三人の人物、中央にやや抽象化された柳、水面に小船が二艘《そう》、空には向き合って飛ぶ二羽の小鳥、といったものである。これらの図柄に合致するものや近似するものを、総称してウィロー・パターンという。この絵柄は中国で生み出された伝統的な文様であるかのように受容され、その成立にまつわる架空の悲恋物語まで後づけされていった。

ウィロー・パターンには東方に対するヨーロッパの憧憬や幻想が込められており、エキゾティシズムの一翼を担う装飾として今日も愛好されている。

▲ ウィロー・パターンのプレート

▲（右上から時計回りに）水上に浮かぶ小船、プレート上部で向き合う鳥たち、楼閣、橋の上の人々

＊ イギリスの陶磁器メーカー。1793年、銅版彫刻師だったトーマス・ミントンが創業した。金彩を施した陶器が有名となり、現在に続く英王室御用達の老舗。

Trophy

トロフィー

ロココ

◆古代ギリシアの戦勝記念物に由来する。
◆ローマ帝国では装飾モティーフとして貨幣や彫刻などに用いられた。
◆ルネサンス期以降には建築などの装飾に幅広く応用された。

▶トロフィーに戴冠する女神ニケ
セレウコス1世のコイン裏面より
シリア出土　前3世紀頃

戦勝を記念する武具の組み合わせ

古代ギリシアやローマ帝国においては、戦勝の記念物として敵方の武器や甲冑《かっちゅう》などを樹木や支柱に掛けて飾った。これが今日のトロフィーの起源であり、兜《かぶと》、鎧《よろい》、盾《たて》、槍《やり》、剣などが、立ち木や交差させた支柱に掛けられ、束ねられたり積み上げられたりして展示された。

古代ギリシアの都市国家においては、トロフィーは当初戦場で、敵方が退却を開始した地点に立てられることが多かったという。一度立てられたトロフィーは次の戦いまで立て置かれ、戦いのたびに勝者によって取り替えられた。

ローマ帝国の時代にかけては、勝利を象徴するトロフィーを装飾的なモティーフとしても利用し、貨幣や建築を飾る意匠として使用するようになった。

ルネサンス期以降には建築やテキスタイルなどに幅広く応用され、武具に花綱《はなづな》や軍旗なども交え、勝利の栄光を豪華に演出するアレンジが加えられた。

▲トロフィーのタピスリー　17世紀
ニッシム・ド・カモンド美術館　フランス

▲グロリエッテのトロフィー装飾　18世紀
シェーンブルン宮殿　オーストリア

Topic

精緻に刻まれた
幾何学の美がきらめく

イギリス・アイルランドのカットグラス

Cut Glass

高い透明度とヴァラエティ豊かなカットを誇る

ガラス工芸の装飾技法は、二系統に大別される。ガラスの塊が溶けている間に成形するホット・テクニックと、ガラスが冷え固まってから加工するコールド・テクニックである。後者に属する技法のなかでもカッティングは、ガラスの特性を最大限に生かした幾何学の美を生み出した。とくに近代のイギリス・アイルランドでは、ガラスに酸化鉛を含ませた無色透明な「クリスタル・ガラス」のカッティングを主体とするガラス産業が興り、それまでとは比較にならぬほどの透明度と屈折率を誇るガラス製品が多数制作された。グレイバー（ガラス彫刻師）が円盤状の回転砥石《といし》で器面にさまざまなカットを入れた後、丁寧な研磨《けんま》を全体に施すことで、ヴァラエティに富む精緻な幾何学文が次々に生み出された。

重量感があり、無数のカット面に光を受けてまばゆいばかりに輝くカットグラスは、今日に至るまでヨーロッパを代表する高級ガラス食器であり、スポーツ大会の優勝トロフィーとしてもしばしば利用される。さらに、日本の伝統工芸にも大きな影響を与えており、幕末に誕生した「薩摩《さつま》切子《きりこ》」や「江戸切子」には、当地のガラス・デザインからの影響がうかがえる。

日常生活を彩るプレスガラスの登場

カットグラスはプレスガラスの祖型ともなった。プレスガラスは、型押し成形という一八二〇年代にアメリカで登場したホット・テ

▼ 細緻をきわめたイギリスのカットグラス

元々、ガラスのカッティング技術は水晶細工の長い伝統を背景に持つボヘミア地方が最も有名だったが、17 世紀後半に鉛ガラスの製造に成功したイギリスで急速に発展した。当初はボヘミアやドイツ出身の職人が多かったものの、次第に自国のグレイバーによって、精緻で複雑な幾何学パターンが数多く生み出されていった。

カットグラスの幾何学文様

◀ **勝者にふさわしいガラスのトロフィー**

ヨーロッパにおいて、スポーツや競技会で勝者に与えられるトロフィーは伝統的に金属製だった。だが近代以降、カッティング技術の大幅な進歩により、ガラス製のトロフィーが登場する。金や宝石類と比べると、ガラス素材自体は高価ではないが、水晶を思わせる清澄なきらめきや適度な重量感、エレガントなフォルムは、栄えある勝者にこそふさわしい。

カットグラスの優勝トロフィー　ハウス・オブ・ウォーターフォード・クリスタル　アイルランド

▲ **型押し製法で身近になったプレスガラス**

熟練工によるカッティングから生み出されていたさまざまな幾何学文は、金型にあらかじめ彫り込まれることでプレスガラスの文様ともなった。比較的廉価で規格性の高いプレスガラスが大量に生産されると、以前とは比べものにならぬ数のガラス製品が大衆社会に広まっていった。日本でも1880年代にプレスガラスの製造が始まり、第一次世界大戦以後盛んに海外輸出された。

プレスガラス　20世紀前半

薩摩切子の手本はヨーロッパのカットグラス

19世紀半ばの日本では、ヨーロッパからの舶載品を手本としたカットグラスが数多く制作されていた。なかでも薩摩藩の直営工房で生み出された薩摩切子は、その代表といえよう。無色の鉛ガラスに色付きガラス（紅・藍・紫・緑など）を厚く被せ、棒状工具による丹念な研磨で生み出された薩摩切子のカットには、日本の伝統文様のみならずイギリス・アイルランドのカットグラスの強い影響が認められる。底部によく見られる菊花文《きっかもん》（剣菊文《けんぎくもん》）は「ポインテッド・スター」と呼ばれる星形カットの一種であるし、胴部に特徴的な「斜格子《ななめごうし》に八菊《はちぎく》」や「斜格子に魚々子《ななこ》」は、それぞれ「ホブネイル」と「ストロベリー・ダイヤモンド」と呼ばれるカットを範としたものである。

▲ 藍色切子脚付蓋物　尚古集成館　鹿児島県

クニックによる新しいガラスだが、ほどなくイギリス・アイルランドでも盛んに制作された。以後、大量生産が可能で廉価《れんか》なプレスガラスは、先行するカットグラスの幾何学文を継承しつつ、一般家庭の食卓を彩る透光性の高いガラス食器として、二十世紀前半まで大いに愛好された。

Chinoiserie

シノワズリー

幻想の「中国」と東方への憧景

▲ **床から天井まで 磁器で埋め尽くされた部屋**

プロイセン王フリードリヒ１世（在位1701～13年）が妃ゾフィー・シャルロッテのためベルリンに造営した宮殿には、磁器を壁一面に飾った「磁器の間」がある。東方への憧れが生み出した壁面装飾である。

「磁器の間」の壁面装飾　1705年
シャルロッテンブルク宮殿　ドイツ

❖ 東方への憧れから誕生

「シノワズリー」とは、ヨーロッパにおける中国趣味を意味する語である。美術史においては十七～十八世紀のバロック、ロココ期に流行した中国風の建築や室内装飾、工芸品、またはその意匠を指す。ただし、ここでいう「中国」とは、日本人のイメージする「中国」と大きく異なる。インド、東南アジア、中国大陸、そして、日本などアジアおよび極東全般に対する渾然《こんぜん》としたエキゾティシズムの総称であり、シノワズリーは東方との交易や交流史を背景に生成したのである。

❖ ヨーロッパを魅了した絹・磁器・漆

シノワズリーを導いた装飾美術として、極東で生み出された三つの素材、絹と磁器と漆《うるし》が注目される。

絹は古代ローマ人たちを魅了して

▶ **「中国風」の 人物も主要な モティーフ**

三角形の帽子を被り、大きな傘をさしかける人物は「中国」をイメージして描かれている。

シノワズリーを
モティーフにした絹織物◆
1740～50年頃
ケルン応用芸術美術館
ドイツ

▲シャネルが愛した「コロマンデル・スクリーン」

漆塗りの屏風はインド交易の中継地にちなみ「コロマンデル・スクリーン」と呼ばれて珍重された。のちにガブリエル・シャネルはこの屏風を愛し、パリのリッツ・ホテルの自室などに数多く収集。壁面の装飾やファッションショーの背景として活用した。

コロマンデル・スクリーンとシャネル
（パリのリッツ・ホテルにて）1937年

▲ W・チェンバース　パゴダ（塔）
1759年　キュー王立植物園　イギリス

◀楽器にもエキゾティックな縁飾りを添えて

東洋の漆器を模倣したラッカー・ワークも発展した。

イギリス製ディタル・ハープの縁を飾るシノワズリー文様　1820年頃
浜松市楽器博物館　静岡県

やまない織物だったが、東方の遠い国からもたらされる品というほかは、材料も製法もまったく不明であった。ローマにおいて、中国は謎の織物を産出する国、セリカ（ラテン語の絹＝セリクムに由来）として登場した。

　磁器や漆器もまた、中世以降少しずつヨーロッパに伝来し、王侯貴族のコレクション陳列室「驚異の部屋」などに東方の珍奇な宝として収蔵された。十七～十八世紀に入ると磁器は中国から大量に輸入され始め、壁一面に天井まで並べ、その形態や光沢、絵付けを壁面装飾の素材として用いることが行われた。日本の有田の磁器もシノワズリーとして受容された。また、中国の仏塔や建築物を模倣した建物が宮殿や庭のなかに造られ、中国風の風景や人物を空想的に描いた壁紙やテキスタイルが盛んに制作された。

　十九世紀以降、シノワズリーはジャポニスム（146頁）の流行によっていったんは存在が薄れたが、ヨーロッパの装飾美術における東方幻想の重要な伏流水のひとつとして、今日の装飾芸術においても折々にその影響を見ることができる。

第4章

近代II

19〜20世紀

市民革命と近代化とともに「日常」を彩る装飾へ

フランス大革命とイギリスの産業革命が産業資本主義を推進し、ブルジョワジー（市民）が主人公となる十九世紀。都市を舞台に、劇場やカフェのインテリアから服飾まで、日常生活のなかに美が求められていきました。歴史的な装飾文様《オーナメント》をヒントに、新しい様式《スタイル》を生む近代のデザイナーが誕生します。

前半には「エジプト」「ギリシア・ローマ」の古典様式を模範とした「新古典主義」が流行。これに対し、一八五一年、大英帝国が史上初の万国博覧会を開催して列強が植民地を拡大するにつれ、東は中国、インド、中近東、南はアフリカやポリネシアなど「オリエンタリズム」「プリミティヴィスム」の装飾がヨーロッパ人を魅了します。

ウィリアム・モリスなどの「アーツ・アンド・クラフツ運動」は、中世の敬虔な手仕事を理想に掲げて「中世趣味」をもたらし、世紀末の「アール・ヌーヴォー」、そして二十世紀前半の「アール・デコ」が大輪の花を咲かせます。

モダニズムは過剰な装飾を否定しましたが、二十世紀後半に装飾が復権してポスト・モダニズムが「装飾主義《オーナメンタリズム》」を宣言します。今日、私たちの日常のさまざまな場面にヨーロッパの装飾／文様がいっそう魅力を放っているゆえんです。

1800

新古典主義

オリエンタリズム

1900

アーツ・アンド・クラフツ運動

アール・ヌーヴォー

アール・デコ

オリエンタリズム

17〜18世紀に盛行したシノワズリーを筆頭に、カシミール地方のペイズリー、日本美術の影響を受けたジャポニスム、イスラームのマーブル・ペーパーなどが愛好された。

C・モネ
《ラ・ジャポネーズ》
1875〜76年
ボストン美術館
アメリカ
（146頁）

アーツ・アンド・クラフツ

急速な近代化が進むなか、イギリスのウィリアム・モリスが中世の手仕事を模範に掲げた「アーツ・アンド・クラフツ運動」。自然をモティーフに、日常の暮らしに美しい彩りをもたらした。

W・モリス、J・ヘンリー・ダール（デザイン）
《果樹園》あるいは《四季》 1890 年
ヴィクトリア・アンド・アルバート博物館
イギリス （142 頁）

新古典主義

古代ギリシア・ローマへの憧れが高まり、勝者のシンボルである月桂樹、古代のメダルを連想させる円形のメダイヨンが肖像画の縁飾りや陶磁器、家具に多用された。

ロマノフ王家皇子の肖像をかたどったウェッジウッドのメダイヨン
（137 頁）

世紀末 / アール・ヌーヴォー

自然をデフォルメした形態や曲線が特徴のアール・ヌーヴォー様式には、日本のモティーフを用いたデザインも多い。世紀末の唯美主義的なデザインに好まれた孔雀も数多く見られる。

A・シルヴァー（デザイン）
《ヘラ》（テキスタイル、再制作・オリジナルは 1887 年頃） リバティジャパン
東京都 （145 頁）

R・ラリック
チョーカー・ヘッド
《菊》 1900 年頃
箱根ラリック美術館
神奈川県 （147 頁）

アール・デコ

機能性と装飾的デザインの融合を目指し、1910 年代半ばから 30 年代にかけて流行した様式。幾何学的モティーフを特徴とし、建築から工芸、服飾まで幅広い分野でモダン・エイジを華やかに彩った。

イヴニング・ドレスとペティコート 1957 年
ヴィクトリア・アンド・アルバート博物館
イギリス （148 頁）

Laurel

◆古代ギリシア・ローマ時代から、勝者や君主、詩人などに与えられた栄誉のしるし。
◆近代には君主の権威や栄光を称えるシンボルとして、絵画や工芸に広く用いられた。

月桂樹

新古典主義

▲ 月桂樹の帯文様 古代ギリシアの壺より
O・ジョーンズ『装飾の文法』

▼ L・シーニョレッリ《ダンテの肖像》
1499～1502年 オルヴィエート大聖堂 イタリア

勝者や君主に与えられた聖なる樹木

月桂樹は、ギリシア神話の太陽神アポロンとゆかりの深い聖樹《せいじゅ》である。アポロンに愛されたニンフ、ダフネが彼から逃げおおせようと父に助けを求めると、月桂樹に変えられてしまう。それから月桂樹は、知性・音楽・詩を司るアポロンの聖樹となったといわれる。また月桂冠(月桂樹を冠状にしたもの)は「勝者の栄誉」のシンボルとして、軍人や競技の勝者のほか、詩人などにも授与された。

古代ギリシア陶器では、しばしば壺の頸部《けいぶ》に月桂樹の帯文様が表され、また勝利者の手に月桂樹の枝を持たせるなどの表現も見られた。

帝権の象徴とされた月桂冠

十六〜十八世紀の絶対王政の時代になると、月桂樹は君主の絶大な権威や栄光を称揚し、シンボリックな意味を持つものとして絵画でも重要な役割を担った。国王や王妃は、古代ギリシア・ローマ神話の神々に見立てられ、月桂冠を頭上に戴いた姿で表されることが多い。

オーストリアの女帝マリア・テレジア(在位一七四〇〜八〇年)の*《ファミリア・アウグスタ(皇帝の家族)》と称される画額では、マリア・テレジアと夫フランツ、そして十六人の皇子・

＊ 長男ヨーゼフ2世の皇女が加えられ、額縁には19人の肖像がある。

▼ F・ジェラール《戴冠式の正装の皇帝ナポレオン1世》（部分） 1805年
ヴェルサイユ宮殿美術館 フランス

▲勝利と栄光を称えるシンボル

勝者へ贈られるトロフィーを月桂樹が囲んでいる。勝利や栄光のシンボルとして、月桂樹はトロフィーなどとともに表された。

トロフィーと月桂樹のメダル のタピスリー
1805年頃 リヨン織物美術館 フランス

▲《ファミリア・アウグスタ》（複製） 1769年 オーストリア連邦家財庫

皇女たちの肖像が月桂樹の枝に縁《ふち》取《ど》られている。月桂樹は、単なる「系統樹」ではなく、西ローマ帝国の帝権を継承した神聖ローマ帝国の皇帝とその家族を象徴する図像でもあった。

十九世紀初頭、フランス史上最強の権力者たるナポレオンは、古典主義的（復古的）で、威厳に満ちた皇帝の肖像である《戴冠式の正装の皇帝ナポレオン一世》を画家ジェラールに制作させた。金の月桂冠を戴いたナポレオンは、古代ローマの皇帝、勝者の姿を彷彿《ほうふつ》とさせる。

Paisley

ペイズリー

カシミア・ショールの大流行から定番の文様へ

◀ナポレオン帝政期の最先端モード

ナポレオンの皇后ジョゼフィーヌ（1763～1814年）は、帝政期に流行したシュミーズ・ドレスをまとっている。その生地はインドの毛織物と思われ、裾にブーター文様が織り込まれている。

A・J・グロ《皇后ジョゼフィーヌ》 1809年 マセナ美術館 フランス

❖ カシミールの勾玉形文様が起源

ペイズリー文様成立の背景には、ヨーロッパ諸国におけるカシミア・ショールの流行があった。カシミア・ショールはインドのカシミール地方で織られた毛織物である。高冷地に住む野生の山羊の柔らかな腹部の綿毛を糸に紡《つむ》いで織られた極上の織物で、織成に三年もの歳月を要するとされた。

十八世紀後半には東インド会社などの交易を通じて盛んに輸出され、十九世紀にかけてヨーロッパ各国の上流階級の間で大流行を見た。

流行はまずイギリスで始まり、ナポレオン体制下のフランスにも飛び火した。当時、カシミア・ショールは馬車一台と同等の価値を持つほどに高価であり、上流階級の婚礼に際して、花婿から花嫁に贈られる結納品としても珍重された。

カシミア・ショールの両端や四隅などのボーダー（縁取《ふちど》り）を飾る文様として織り込まれたのが、カシミール地方で「ブーター」や「ボテ」などと呼ばれる、先端が勾玉《まがたま》状に屈折した植物文様であった。源流はペルシアかインドにあると考えられ、「生命《せいめい》の樹」「マンゴー」「糸杉」「シュロ」（14頁）などさまざまな起源が考えられている。

◀ペイズリーの起源となった「ボテ」「ブーター」文様の毛織裂 17～18世紀 岡山市立オリエント美術館 岡山県

リバティプリントのペイズリー・パターン

1875年に創業したロンドンの老舗百貨店「リバティ」。東洋の装飾品や織物などの輸入・販売を経て、自社でも東洋のモティーフに着想を得た織物製品の生産を始めた。なかでもペイズリーは代表的なモティーフのひとつで、今も色彩豊かなパターンが数多く制作されている。

▼ ロックン・ロール・レイチェル

▼ マーク

▼ フェリックス・レゾン

▼ ボートン

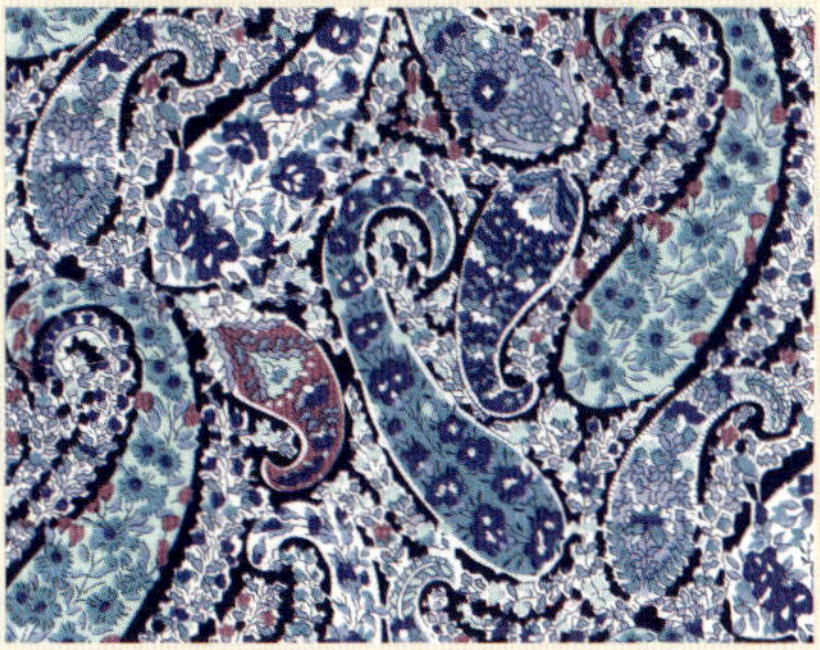

❖イギリスの産地名が文様名として普及

カシミア・ショールを通じてヨーロッパに紹介されたブーターは、当初、ヤシやシュロを意味する「パルム」(パーム)と呼ばれていた。パルムは、古くはキリストのエルサレム入城(15頁)を飾り、今日のカンヌ映画祭の最高賞パルム・ドール(黄金のシュロ)に見られるように、勝利や成功を象徴する。

カシミア・ショールが、英仏両国でも独自に量産されるようになると、最も特徴的なモティーフであるパルムはより強調されて大型化し、ついにはボーダーからはみ出して、ショール全体を覆う装飾的なモティーフに変容していった。

十九世紀にスコットランドのペイズリーの町で生産されたこのタイプのカシミア・ショールを、イギリスでは「ペイズリー」と通称した。その名前が世界に広まったのである。

Medallion

メダイヨン

新古典主義

◆円形や楕円形の幾何学的な縁取り。
◆古代への憧れが高まった新古典主義の時代に、建築をはじめ、室内装飾や家具などに数多く取り入れられた。

▶ルイ 18 世のモノグラムを囲むメダイヨン
19 世紀前半　ルーヴル美術館　フランス

典雅な「クラシシズム」を象徴

「メダイヨン」という言葉は、もともと実物の「メダル」を意味するフランス語だが、装飾美術ではより広い意味で円形や楕円形の幾何学的な縁《ふち》取《ど》りを指す。とくにヨーロッパでは、イタリア・ルネサンス時代に復興した古代ギリシア・ローマ美術で用いられた、クラシックな円形のメダルや楕円の縁取りが流行した。

十九世紀前半の「新古典主義」の時代には、建築のインテリアやエクステリアの細部、キャビネットや椅子などの家具、カーペット、壺などにも表現されるようになった。

唐草文様のように増殖する形態とは対照的に、厳格に円や楕円で空間を区切り、囲んで、その内側に人物の横顔のシルエットやイニシャルなどのステイタス・シンボルを表すのにも用いられ、典雅な「古典主義《クラシシズム》」を代表する象徴的装飾となった。

▲天使が捧げ持つ子羊のメダイヨン

初期キリスト教時代に制作されたサン・ヴィターレ聖堂のモザイク画。草花に縁取られた子羊のメダイヨンを 4 人の天使が捧げ持っている。光に当たると金地のモザイク片が華やかにきらめく。

子羊と星の天井モザイク装飾　547 年　サン・ヴィターレ聖堂　イタリア

古典に憧れた十八世紀

十八世紀半ばのポンペイの発掘などをきっかけに、北方の人々が地中海世界の古典美術に触れるようになる。エジプトやイタリアに遠征したナポレオン一世がフランスにもたらした古典・古代への熱狂も、より広くメダイヨン装飾を流行させるきっかけとなった。イギリスの貴族はグラン*

▲兄弟をメダイヨンに留めて

幼少時のロシア皇帝アレクサンドル１世とその弟コンスタンティンの肖像をかたどった、ウェッジウッドのジャスパー・カメオ。

ロマノフ王家皇子の肖像をかたどったウェッジウッドのメダイヨン 1790 年

▶イスラーム美術でも多用されたメダイヨン

蔓草文や狩猟文、動物闘争文などで埋め尽くされたイスラームの絨毯。中央にメダイヨンを据えるのが典型。

メダイヨン・動物文絨毯
16 ～ 17 世紀
MIHO MUSEUM 滋賀県

▲書き物机 1855 年
コンピエーニュ美術館 フランス

ド・ツアーを行い、館を憧れの古典的意匠で飾った。ウェッジウッド社（一七五九年創業）の陶磁器ではメダイヨン装飾が特徴となる。それは十九世紀後半にも続き、帝政の様式を引き継いだナポレオン三世などの家具にも見られる。

現代でも重厚な鏡のフレームの楕円形や、椅子の背もたれに見られる楕円のデザインなどには、新古典主義的なメダイヨンの伝統が引き継がれている。

＊ 17 世紀から 18 世紀末を通じ、イギリスの上流階級の子弟が教育の最終仕上げとして行った大規模なヨーロッパ大陸旅行。数年間にわたり語学研修や学者たちとの交流、芸術品の鑑賞・購入などを行った。

Topic

色と形が織り成す装丁の美

マーブル・ペーパー

Marble Paper

イスラーム世界では書道の料紙として用いられた

漢代（前漢・紀元前三世紀〜一世紀）の中国において発明された紙の製法は八世紀半ばに中央アジアのサマルカンドへ伝わり、イスラーム世界からヨーロッパへと伝播していった。古代の中国や日本では、墨や朱《しゅ》などを水に浮かべて紙に移し取る「墨流し」による紙の装飾が行われていた。「墨流し」はマーブル・ペーパーの起源とも考えられる。しかし、その技法が、いつ、どこから西方へ伝わったのか、定かなことはほとんどわかっていない。

▲カール・パターンまたはスネイル

書物の見返しに用いられたマーブル・ペーパー。カタツムリを思い起こさせる形象から「スネイル」（カタツムリ）とも呼ばれる。

本の見返し　S・リチャードソン『クラリッサ』 1766年
書物の歴史と保存修復に関する研究会　奈良県

イスラーム世界では、マーブル・ペーパーは「エブル（「雲」の意）」と呼ばれ、コーランの聖句や詩編を書写するイスラーム書道の料紙として、盛んに制作された。オスマン朝の都イスタンブールでは、十六世紀の末には多様なパターンが創出され、エブル制作の名手として工芸史に名を残した人物も現れる。この頃からエブルはヨーロッパの外交官や旅行者たちの手で持ち帰られるようになった。そして「ターキッシュ・ペーパー（トルコの紙）」と呼ばれ、イスラーム世界の珍奇な舶来品として注目された。

より複雑な独自のデザインに発展

ほどなくヨーロッパでもマーブル・ペーパーの生産が始まった。十七世紀から十八世紀にかけては書物の装丁材料として珍重され、表紙や見返しの用紙として盛んに用いられた。渦《うず》をカタツムリに見立てた「スネイル」や、櫛《くし》の歯状の器具で液面を掻《か》くことにちなんだ「コーム・パターン」などが古典的なデザインである。近現代にかけては色数や形態がさらに多様化し、千変万化《せんぺんばんか》のパターンが考案され、さまざまな名前で呼ばれた。

十九世紀末から二十世紀初頭のアール・ヌーヴォーはマーブル・ペーパーにも影響を与え、さらに華麗な作品が生み出された。

▲ピーコック・パターン

「コーム・パターン」により複雑な変化を与えた「ピーコック・パターン」。孔雀（ピーコック）の羽のようにも見える。1860～80年代にかけてイギリスおよびドイツなどで制作された。

『ブリタニカ百科全書』第9版より 1902年
金沢大学附属図書館 石川県

▲コーム・パターン

液に浮かべたさまざまな絵の具を櫛状の器具で掻いて作る、古典的「コーム・パターン」。

「根据帳」表紙 『甲號貨物根据』より
1888年 香蘭社 佐賀県

▲モアレ・タイプのスパニッシュ・パターン

スポット柄は「スパニッシュ・パターン」とも呼ばれる。不定形のモアレ（干渉縞）を入れるという高度な技法が用いられている。

J・C・プリチャード *"Memoire of Doctor Burney vol.3"* より
1832年 国際日本文化研究センター 京都府

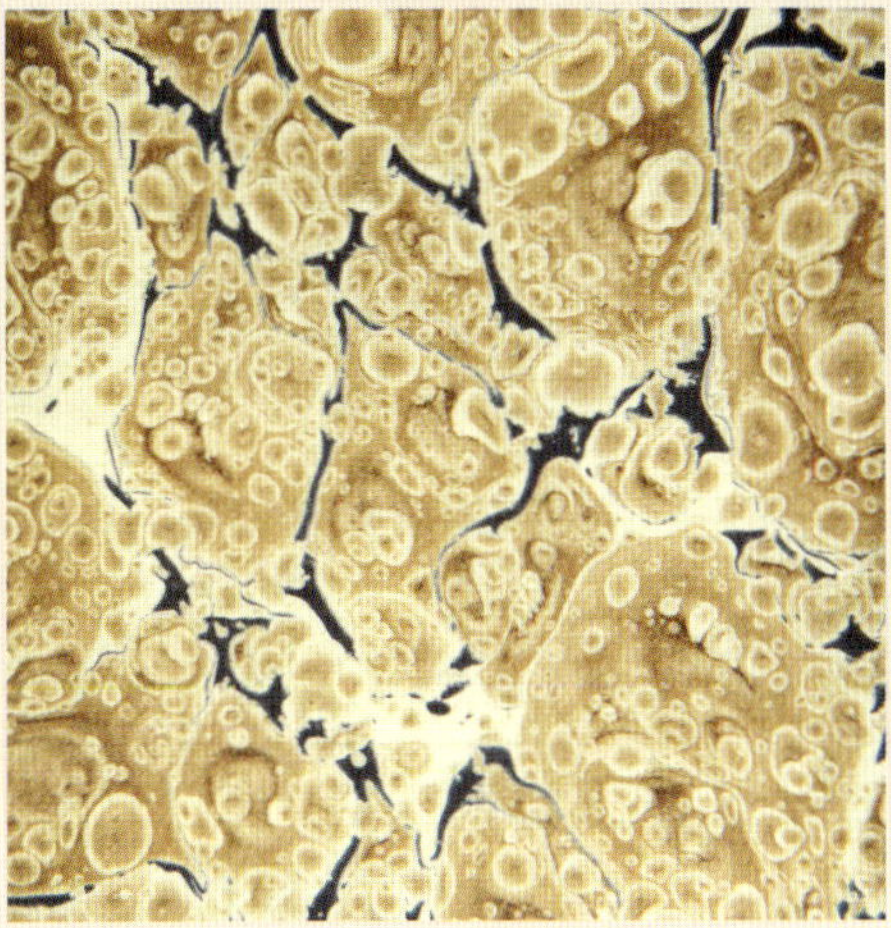

▲シェル・デザイン

19世紀フランスなどの原品に基づき再制作されたもの。数種類の色をたらしてでき上がった丸い文様を「シェル・デザイン」と呼ぶ。

シェル・デザインのマーブル・ペーパー（再制作）ドイツ

Eye

聖眼

◆「邪視」に対する護符として眼の形が用いられた。
◆古代エジプトでは太陽神ホルスの眼を「ウジャトの眼」として尊崇した。
◆キリスト教では全智全能の神の象徴。

▲ シェションク2世のブレスレット 第22王朝 前890年頃 エジプト考古学博物館

▲ 航海中の船を守る護符として
船舶の安全を期して舳先に眼が描かれている。
ローマの交易船のモザイク画♦ 2世紀

▼ 上部に「神の摂理の眼」を戴いた『フランス人権宣言』 18世紀 カルナヴァレ美術館 フランス

神秘の力の象徴として畏怖された

古代人は人間や動物の「眼」、そして「視《み》る」という行為自体に単なる機能を超えた神秘性を見出した。眼には呪力が宿り、視ることはその力の発露であると考えた。視ることで相手を呪殺することさえ可能であるとされた。「邪視《じゃし》」への畏怖は古代の世界に共通の観念である。邪視を逃れるために眼をモティーフにした護符が用いられた。その系譜は今日も世界各地に見られる。

古代エジプトでは、太陽神ホルス（22頁）の力が眼に仮託され、ホルスの眼だけを壁画や宝飾品のモティーフとして多用した。それは「ウジャトの眼」と呼ばれ、全てを見通す神の力を象徴した。

キリスト教においても、眼のモティーフは全智全能の神を象徴するものと考えられた。絵画、彫刻などで、中空に浮かぶ眼の図像は神の顕現を表すものとされる。三角形のなかやピラミッドの上に光を放つ眼が配される図像は、「プロヴィデンス（神の摂理）の眼」と呼ばれ、アメリカ合衆国のドル紙幣の図柄としても広く知られている。

▲「プロヴィデンスの眼」アメリカ合衆国のドル紙幣（裏面）より

Topic

規則性のある縦横の格子縞が
無数のヴァラエティを生む

タータン

Tartan

色や幅の違いを無数に楽しめる格子縞文様

英国・スコットランドの氏族（男性）の伝統衣装であるキルト[*1]は、タータン[*2]（・チェック）と総称される格子縞を持つことで知られている。

この格子縞のヴァリエーションはきわめて豊富であるが、そこには一貫した規則性が存在する。それは、縦にしても横にしてもタータンの並びや間隔が同じ、すなわち経糸《たていと》と緯糸《よこいと》の配色・配列が同一となっている点である。この文様の基本構成は、「アンダー」と「オーヴァー」と呼ばれる幅の異なる大小のチェック柄であり、この二種類のチェック柄の色や幅、重ね方を変えてゆくことで、新たな格子縞を生み出すことが可能となる。

またタータンは、柄ごとに名前が細かくつけられ、きわめて制度化された文様体系を構築している点が特筆される。スコットランドの首府エディンバラにある紋章院では、紋章だけでなくタータンの意匠登録や管理が行われており、格子縞はここでの手続きを経て、晴れて「スコットランドならではのデザイン」となるのである。

▲タータン柄のキルトをはいたスコットランドの人々

▲ロイヤル・スチュアート

▲ブキャナン

▲ブラックウォッチ

▲マクファーソン・ドレス・グリーン

▲キャメロン・ハンティング

＊1 プリーツと呼ばれるひだつきスカート状の衣装を指す。＊2 「格子縞をしたウールの綾織生地」を指す。タータン・チェックは和製英語であり、スコットランドでは通常、タータン・プレイドと呼ばれることが多い。

Topic

急激な近代化に抗して生まれた
生活のデザイン

ウィリアム・モリスとテキスタイル

Morris and his Textiles

▼収穫の豊かさを祝福する果樹園のタペストリー

モリスは15世紀から16世紀にかけてのフランドル製のタペストリーを参考に、1879年頃から人物像とミルフルール（102頁）風の背景を持つタペストリーの制作に取り組んだ。この作品では中世を思わせる衣装をまとった女性たちがモリスの詩を記した銘文帯（114頁）を持ち、収穫の恵みを祝福している。

W・モリス、J・ヘンリー・ダール（デザイン）
《果樹園》あるいは《四季》 1890年
ヴィクトリア・アンド・アルバート博物館 イギリス

手仕事の豊かさと美を追究

ウィリアム・モリス（一八四三～九六年）が青春時代を過ごした十九世紀半ばの英国は、ヴィクトリア朝の隆盛期であった。一八五一年の第一回万国博覧会は、産業革命の成果と英国の発展を世界に誇示するイベントとしてロンドンで開催された。鉄とガラスで建造された「水晶宮」は、近代の到来を象徴していた。しかし「太陽の沈むことなき」大英帝国にも多くの矛盾が存在した。労働者の貧困や公害による生活環境の悪化といった社会問題に加え、大量生産される製品自体にも質の低下が叫ばれていた。モリスのデザイン活動は、産業の発展とその矛盾に対する深い懐疑や批判を母胎として成長していったのである。

　一八六一年にモリスは友人たちとともに「モリス・マーシャル・フォークナー商会」を設立した。その活動は十九世紀後半の「アーツ・アンド・クラフツ運動」を触発し、近代デザインの源流となった。モリスが理想としたのは、ヨーロッパの中世における工人たちのものづくりである。ギルドにおける協働や手仕事への敬慕を、近代へのアンチテーゼとして掲げた。装飾芸術のあらゆる領域におよぶモリスのデザインのなかで、捺染《なっせん》プリントやタペストリーなどテキスタイルの分野に数多くの名作が生まれた。身近な自然の観察や東西の古典作品を学ぶなかから、奥行きのある独特のパターン・デザインが生み出された。モリスのテキスタイルは、私たちの暮らしにおける美や豊かさに対して、今日もなお根源的な問いを投げかけている。

◀ **オリエントの影響が色濃い チョウセンアザミのパターン**

1880年頃に最も人気を博したチョウセンアザミ（アーティチョーク）のパターン。ザクロ（100頁）風の意匠を交えている。オリエントの文様や、中世イタリアの絹織物などから受けた影響が見られる。

W・モリス（デザイン）　壁掛け《チョウセンアザミ》
1877～1900年　ヴィクトリア・アンド・アルバート博物館　イギリス

▼W・モリス（デザイン）
室内装飾用織布《ケネット》
1883年　ヴィクトリア・アンド・アルバート博物館　イギリス

▲ **独特の奥行きを持つ S状の花文様**

ジェノヴァ製のヴェルヴェットに影響を受けたデザイン。S状の軸線を中心に葉弁装飾や各種の花が描かれ、モリス特有の奥行きを感じさせる。

W・モリス（デザイン）
室内装飾用織布《ウォンドル》1884年
ヴィクトリア・アンド・アルバート博物館　イギリス

▲ W・モリス（デザイン）室内装飾用織布
《いちご泥棒》1883年　ヴィクトリア・アンド・アルバート博物館　イギリス

孔雀

世紀末

Peacock

◆ギリシア神話では尾羽の模様を「アルゴスの百眼」に見立てた。
◆キリスト教ではイエスの復活や不滅を表す。
◆唯美主義では華麗な姿態が美や繁栄を象徴。

▶ 東方正教会のモザイク壁画に見る孔雀
14世紀 カーリエ博物館 トルコ

夜空の星や巨人の眼に喩えられた尾羽

孔雀《くじゃく》は元来インド、東南アジアなどに生息する鳥であったが、羽と姿態の美しさが古代エジプト以来各地で愛でられた。オスの尾羽（上尾筒《じょうびとう》）に見られる眼状の斑文《はんもん》は、夜空の星、天体の輝きに喩えられ、また眼の形が連想された。尾羽を扇状に広げた姿からは、太陽や天球の形が想起されたのである。

ギリシア神話では、ゼウスの妻ヘラの物語と関連づけられる。ヘラは夫の浮気相手であるイオを閉じ込め、その見張りに百眼の巨人アルゴスを置いた。しかし、アルゴスはゼウスの遣《つか》わしたヘルメスによって殺される。それを哀れんだヘラは、アルゴスの百眼を取って、孔雀の尾羽に移したという。

羽の生え変わりがイエスの復活を象徴

またローマのプリニウスは『博物誌』のなかで、孔雀の羽が一年ごとに生え変わることを記している。「生え変わり」という特質から、「不死と再生」のイメージが形成され、孔雀の図像は「イエスの復活」や「全能の神の眼」、ひ

▲ ブドウとともにキリストを象徴

大理石製のテオドロスの石棺は、紀元500年に造られ、7世紀にラヴェンナの司教テオドロスの石棺として用いられた。孔雀とブドウはキリストを象徴する。

孔雀とブドウ♦ テオドロスの石棺より 500年
サンタポリナーレ・イン・クラッセ聖堂 イタリア

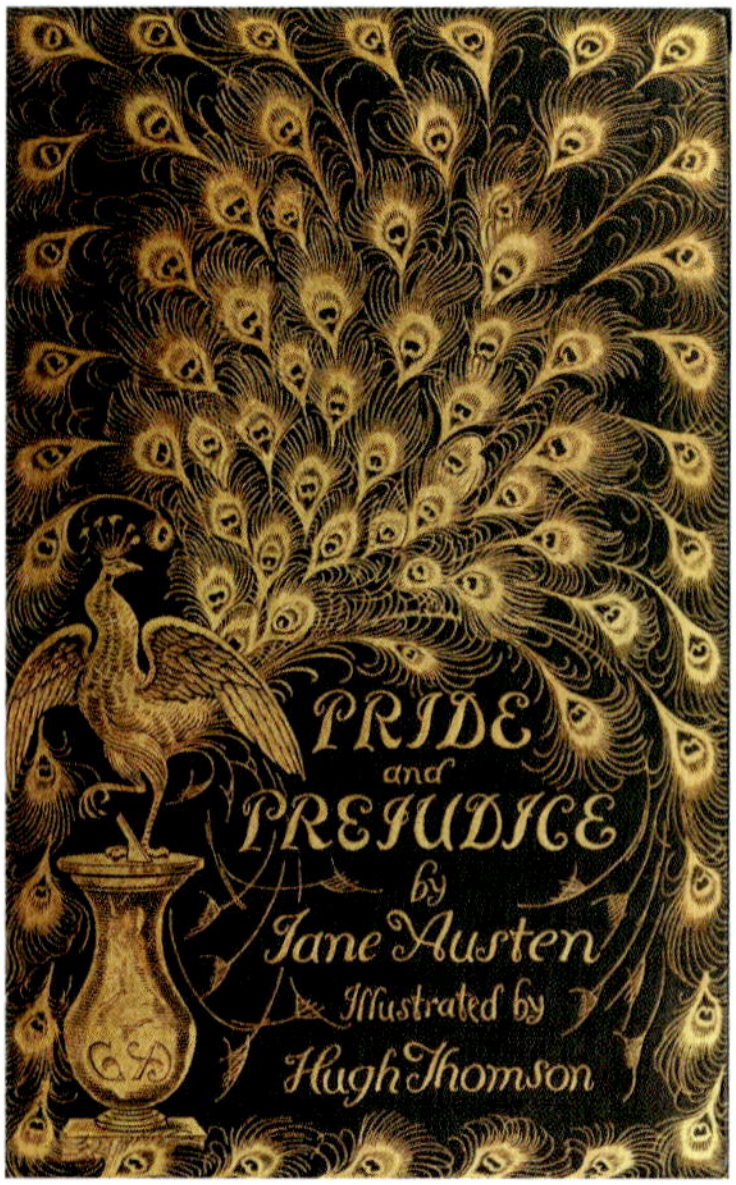

▲ 孔雀の金箔押しの表紙
J・オースティン『高慢と偏見』より 1894年版

▲本物の羽を思わせる精密さ

世紀末のイギリスで唯美主義を担ったリバティ商会のテキスタイル。作品名はゼウスの妻ヘラにちなむ。

A・シルヴァー（デザイン） テキスタイル《ヘラ》
再制作（オリジナルは 1887 年頃） リバティジャパン 東京都

▲金彩の孔雀が醸し出す迫力

画家ホイッスラーによる食堂壁画。金彩や平面的な描写にはジャポニスム（146 頁）の影響も強い。

G・ホイッスラー《ピーコック・ルーム》
1877 年 フリーア美術館 アメリカ

▲ A・ビアズリー《孔雀のスカート》
O・ワイルド『サロメ』挿画より 1892 年

いては「神と教会の力」を象徴したのである。教父アウグスティヌスは、孔雀の肉は腐らないという説を唱え、キリスト教世界において孔雀が「不滅」をも意味する典拠となった。

一方で、孔雀はその羽の華麗さと姿態の優美さが、世俗的な美や繁栄を連想させ、十九世紀の唯美主義のデザインにおいても愛好された。

ジャポニスム

日本と西洋の美意識が華やかに融合

❖ 開国後ヨーロッパへ 一気に広まった日本美術

十九世紀後半、徳川幕府の「鎖国」政策は、欧米諸国との和親条約締結で終わりを迎えた。これがいわゆる開国である。

開国以前にも有田の磁器などの美術工芸品は、オランダや中国経由でヨーロッパに輸出されていた。開国後、貿易の規模は比較にならないほど拡大し、日本に関する情報量も飛躍的に増えた。さまざまな視点による日本研究も展開され、空前の日本ブームというべき状況が到来した。

一八六七年に開催されたパリ万国博覧会で、日本の美術工芸品が多くの人々の目に触れると日本の様式美を取り入れた「ジャポニスム」が隆盛する。

こうしたなか、モネ、ロートレック、ゴッホなどの画家たちは、浮世絵の構図に強く影響された作品を創作した。版画、ポスター、金工、陶芸、ガラス、染織、服飾、壁紙、家具な

▲ヨーロッパ風「見返り美人」

モネが妻をモデルに描いた日本趣味の顕著な作品。背景に団扇を配し、抜刀する武士を刺繍した紅の着物が目にも鮮やかである。

C・モネ《ラ・ジャポネーズ》
1875～76年 ボストン美術館 アメリカ

◀熱狂的に迎えられた日本の美術

美術商のサミュエル・ビングは1888年、日本美術に関する論文をはじめ、作品を掲載した雑誌『芸術の日本』を創刊させ、日本美術をヨーロッパへ熱心に紹介した。

『芸術の日本』表紙 1889年

◀（右）壁紙《梅の木》◆
1925～35年頃
フォルネー図書館 フランス

◀（左）W・クレイン（デザイン）
壁紙《菊》1875年
ヴィクトリア・アンド・アルバート博物館 イギリス

ど装飾芸術の分野において、日本の美術品はとりわけ大きな影響を与えた。

❖日本の文様にならったイギリスの壁紙デザイン

日本の意匠が色濃く見られたヨーロッパの装飾美術のひとつに、襖紙《ふすまがみ》や千代紙などに見られる日本の文様を西洋風にアレンジしたイギリスの壁紙がある。襖紙などの日本の紙製品は当時ヨーロッパへ盛んに輸出されていた。菊、梅、松、桜、朝顔、笹などの植物文様や、鶴、雀、蝶、侍、芸者などのモティーフが好まれ、雷《らい》文《もん》、縞《しま》模様、格子《こうし》、籠目《かごめ》、菱文《ひしもん》、巴《ともえ》文《もん》、青海波《せいがいは》などの幾何学的な文様も多く用いられた。これらの文様を取り入れた壁紙は「アングロ＝ジャパニーズ・スタイル」と呼ばれ、染織、家具、食器など室内装飾品のデザインに応用された。

また、アーツ・アンド・クラフツ運動で、壁紙も多く制作したウォルター・クレイン（一八四五～一九一五年）は、千代紙の大柄な模様を想起させる「菊」などの壁紙を作っている。

一八九〇年代、アール・ヌーヴォー様式が装飾デザインの主流となったが、自然界の事物をデフォルメし意匠化するスタイルに、日本の文様が与えた影響は非常に大きい。

◀日本の菊がモティーフ

ラリックは日本美術から強い影響を受けたガラス工芸家である。19世紀後半、日本から多種の菊がヨーロッパにもたらされると、菊をモティーフにした工芸品を数多く制作した。本作は、菊のたおやかさとみずみずしい生命力を感じさせる。

R・ラリック
チョーカー・ヘッド《菊》
1900年頃 箱根ラリック美術館
神奈川県

Polka Dot

◆水玉模様（ドット柄）の通称。
◆ボヘミアの捺染プリントに民俗舞曲の名を冠したのが起源ともいわれる。
◆近現代では、女性の服飾や男性のネクタイのパターンなどに広く流行。

▶マグ・カップ 1790年頃 ヴィクトリア・アンド・アルバート博物館 イギリス

ポルカ・ドット

アール・デコ

モードの分野で愛好された近代的な文様

ポルカ・ドットはいわゆる水玉模様（ドット柄）のヨーロッパにおける通称である。ドット柄は広義には斑文《はんもん》の一種とも考えられる。しかし、この種の文様は中世には忌避感が強く一般的なものではなかった。

ドット柄は、十八世紀末から十九世紀、捺染《なっせん》プリントや紋織、刺繍などのパターンとして徐々に普及していく。

▲イヴニング・ドレスとペティコート 1957年 ヴィクトリア・アンド・アルバート博物館 イギリス

ポルカ・ドットという名称は十九世紀半ばになって現れた言葉である。この頃ボヘミア[*1]から英国などへ輸出されたさまざまな産品には、「ポルカ・ハット」など舞曲の「ポルカ」[*2]にちなんだ異国情緒をかき立てるネーミングが流行した。ドット柄を捺染プリントした同地製のテキスタイルにも、同じ理由からこの名称がつけられた。

ポルカ・ドットは女性の服飾や男性のネクタイのパターンなどに幅広く用いられた。パターンの無機質な反復性や均一性は、機械生産の時代にふさわしいデザインであった。とくに二十世紀以降のモードにおいて流行を繰り返し、現在も世界中で愛好されている。

▲ポルカ・ドットのドレスをまとうアメリカ人女優、ヴァレスカ・スラット 映画『The Slave』より 1917年

＊1 今日のチェコ中西部一帯。 ＊2 ポルカは1830年頃から流行するチェコの民俗舞曲である。

Topic

機能性と
装飾的デザインの融合

アール・デコ

Art Deco

近代の華やかな都市生活を象徴するデザイン

アール・デコは、一九一〇年代半ばから三〇年代に世界の諸都市を中心に流行した装飾様式。原始、エジプト、アステカ、オリエントなどから、幾何学的モティーフを取り入れ、機能性と装飾的デザインの融合をめざした。名称は「現代装飾美術・産業美術国際博覧会」（一九二五年、パリ）の略称「装飾芸術」にちなむ。アメリカの繁栄のもと、ニューヨークの摩天楼クライスラービルに装飾された、放射状の光線や動物を幾何学化した意匠は代表的であり、家具、壁紙、食器、服飾、宝飾に至るまで、二つの世界大戦に挟まれたモダン・エイジの華やかな都市生活を象徴した。

わが国では建築と工芸を融合させた旧朝香宮《あさかのみや》邸（設計・宮内省内匠寮《くないしょうたくみりょう》、東京港区）が代表作。ガラス工芸作家のルネ・ラリックが手掛けた正面玄関のガラス扉の装飾やシャンデリアのほか、マントルピースの覆いの幾何学文様など、細部にわたる機能性とエレガンスの調和が見事である。また陶磁器のノリタケはアール・デコ調の女性フィギュアなども輸出し、海外のファンを魅了した。

▲ クライスラービルの頂部 1930年 アメリカ

▲ R・ラリック 朝香宮邸正面玄関・ガラスレリーフ扉（部分） 東京都庭園美術館

▶ 朝香宮邸（現東京都庭園美術館） 1933年

▲ 国会議事堂の天井装飾　1902年　ハンガリー

ハンガリーのジョルナイ工房に見る
アール・ヌーヴォーの輝き

装飾の光は東方より

オリエントの香り漂う、ハンガリーの装飾芸術

「生命《せいめい》の樹」（76頁）を刺繍した民族衣装、「ロゼット文様」（16頁）を彫り込んだ民具、「鱗《うろこ》模様」のカラフルなタイル屋根……。東ヨーロッパの国々のなかでも、ハンガリーは強烈な「オリエント風の装飾様式」にあふれる国である。

そもそもハンガリー人の起源はアジア系のマジャール人にさかのぼる。ウラル地方から黒海北岸を経由してヨーロッパに侵入、九世紀末に王国を建てた。十六世紀以降は周辺諸国とともにオスマン・トルコの支配を受けた。首都ブダペストや地方都市においても、建築装飾のタイルや鉄のフェンス、刺繍やアップリケを特徴とする民族衣装や民具に至るまで、そのデザインや文様に東方的な色彩が色濃いゆえんである。

東方趣味の装飾芸術が開花した世紀末

そうした伝統の上にオリエンタルな風味のより強い装飾芸術を花開かせたのが、十九世紀後半からのハンガリーの「アーツ・アンド・クラフツ運動」と「アール・ヌーヴォー（ユーゲント・シュティル）」である。その象徴的存在が

▲上：L・エデン 国立応用美術館 1893～96年 ハンガリー
下：L・エデン マーチャーシュ教会の屋根装飾 13世紀創建・19世紀末改修 ハンガリー

◀**星座の瞬きを思わせる屋根装飾**

ハンガリー民間建築の伝統的な鱗状の屋根に、斬新なタイル張りをほどこした。青い宇宙に広がる星座のような装飾的デザインが美しい。

L・エデン 国立地質学研究所の屋根装飾 1897～99年 ブダペスト

「ジョルナイ工房」（一八五三年設立）の陶磁器とタイルであった。オーストリア＝ハンガリー帝国（一八六七～一九一四年）は工業化を推進し、ジョルナイは「美術と工芸」、「手仕事と機械」、「自然と科学」を統合する技を開拓する。そして一八七三年のウィーン万博への出展と七八年のパリ万博でのグランプリ獲得で一躍脚光を浴びた。数々の作品は工房の創業地である南西部のペーチのジョルナイ博物館や、首都ブダペストと各地の主要建築にたどることができる。

そのタイルや陶器の特色は、イスラーム、インド、中国、日本などの文様をふんだんに表し、濃厚な「オリエント」の香りを発しているところにある。それは近代生活の主人公となったブルジョワジーに「東方への夢」を見させ、私宅のインテリアから街のカフェまで、日常の生活空間に装飾美をもたらした。

生命の躍動感を建築で表現した レヒネル・エデン

「ハンガリーのガウディ」と称される建築家レヒネル・エデン（一八四五～一九一四年）は、ジョルナイのタイルを屋根や壁に用いて、怪獣

▲ **永遠の泉を守るエオシン釉の雄牛**

ハンガリーではジョルナイ工房が創造したタイル装飾が今日、町中でも輝き、親しまれている。豊穣のシンボルの雄牛が永遠の泉を守る。

ジョルナイの泉 1912年 ハンガリー

の鱗《うろこ》や波のうねるような造形で生命感のあふれる装飾を生み出した。ブダペストの国立地質学研究所（一八九七〜九九年）では「アンモナイト」や「波」など、装飾に「大自然のうごめき」や「生き物」の形を与えた。国立応用美術館（一八九三〜九六年）では、複雑に絡み合う「有機的な様式」を表現し、「古代ペルシア」や「インド」などオリエントの歴史的な文様（意匠）を蘇らせ、またそれらとハンガリーの民間の伝統工芸の意匠とを融合させた。これらエデン建築のトレードマークである鱗状の屋根は、東洋の「龍の鱗」を思わせ、緑と黄土色のタイルの組み合わせは、紫禁城のような中国の宮殿の屋根の色彩をも思わせる。また、霊魂を運ぶ「鳥」などハンガリーのフォークロアの素材を造形化した。

「東方への夢」を語り継ぐ、エオシン釉のきらめき

ジョルナイのタイルはオリエントの伝統陶磁技法から霊感を受けて新しい表現を獲得した。一八九〇年代、創業者の次男で才能を花開かせたジョルナイ・ヴィルモシュ（一八二八〜一九〇〇年）は、中世以来イスラームの陶磁美

◀草花をモティーフに描いた大皿
19 世紀末
ジョルナイ博物館
ハンガリー

▲**暁の光を放つザクロの花瓶**

エオシン釉の輝きによって暁の光が表されている。

ザクロの実の花瓶　19 世紀末　ジョルナイ博物館 ハンガリー

◀エオシン釉の花瓶
19 世紀末
ジョルナイ博物館
ハンガリー

術（九〜十四世紀）で盛んとなった黄金に輝く「ラスター彩」の技法から、独自の「エオシン釉」を生み出した。ラスター彩は、白錫《しろすず》の鉛釉薬をかけて焼いた陶磁器の上に、銅・銀などの酸化物で文様を施し、低火度の還元焔《かんげんえん》で焼成すると得られ、金彩に限りなく近い。

「ラスター」とは「落ち着いた輝き」を意味するといわれる。東洋、オリエントでは、中国・建窯《けんよう》の「曜変《ようへん》・油滴《ゆてき》・禾目《のぎめ》」などの天目《てんもく》茶碗もラスターを表していて、ヨーロッパの人々にとって金彩のセラミックは、「オリエント」そのものを象徴した。ヨーロッパが最も欲した「東洋・オリエント」の美は、アジアとヨーロッパの工芸が交差するハンガリーの工房から発信されたのである。

ブダペストの国立リスト音楽院の天井や柱や壁は、エオシン釉の装飾で光り輝いている。エオシンとは「暁（イオス）」。現在も世界を魅了し続けているジョルナイの装飾美の秘密は、昇る太陽、「東方より来る光」をそのまま結晶化する創造にあった。植民地拡大の近代史のなかでヨーロッパ人が抱き続けた「東方への夢」は、「装飾への夢」であったことを物語っている。

索引

●太字は主要掲載頁

写真提供・協力

INAX ライブミュージアム 世界のタイル博物館／岡山市立オリエント美術館／北澤美術館／国立西洋美術館／堺市立文化館 アルフォンス・ミュシャ館／サントリー美術館／尚古集成館／東京都庭園美術館／那覇市歴史博物館／箱根ラリック美術館／浜松市楽器博物館／平山郁夫シルクロード美術館／ MIHO MUSEUM ／大阪芸術大学／金沢大学附属図書館／京都大学理学部数学教室／国際日本文化研究センター／ NPO 法人 書物の歴史と保存修復に関する研究会／松山大学図書館／スペイン政府観光局／東美・オーストリアフィルムセンター／ハンガリー政府観光局／香蘭社／佐野コレクション／ジーケージャパンエージェンシー／マルキシ株式会社／リバティジャパン
ユニフォトプレス／ PPS 通信社／株式会社アマナイメージズ／コービス / アマナイメージズ／うろこの家グループ／山村佳人（撮影・P120 下左、P121 全て）
磯部直希（P31 囲み内左３点、P35 中、P37 中、P82 上、P114 下左、P115 下左、P116 上、P117 下右２点、P124 全て、P129 上右・下右、P144 上、P139 下右）／加藤昌弘（P141 上）／竹山博英（P34 下、P37 下）／鶴岡真弓（P48 上、P55 下、P56 下、P74 下左２点、P75 下段２点除く全て、P110 全て、P111 下、P115 上右、P150、P151 上左、P153 上右）／中島梓（P36 中、P81 上右、P112 下右、P113 下、P115 上左）／望月規史（P120 下右、P126、P127 上右）／東海林舞子／吉村法子

参考文献（刊行順）

『世界装飾図集成』全３巻　A・ラシネ著　マール社　1976
『生命の樹―中心のシンボリズム』R・クック著 / 植島啓司訳　平凡社　1982
『世界装飾文様 2020』Ⅰ～Ⅱ　O・ジョーンズ著　学習研究社 1987
『動物シンボル辞典』J・P・クレベール著 / 竹内信夫ほか訳　大修館書店　1989
『レース―歴史とデザイン』A・クラーツ著 / 深井晃子訳　平凡社　1989
『キリスト教美術図典』柳宗玄・中森義宗編　吉川弘文館　1990
『ケルト―装飾的思考』（ちくま学芸文庫）　鶴岡真弓著　筑摩書房　1993
『唐草文様―世界を駆けめぐる意匠』（講談社選書メチエ）　立田洋司著　講談社　1997
『図説 ケルトの歴史―文化・美術・神話をよむ』（ふくろうの本）　鶴岡真弓、松村一男著　河出書房新社　1999
『世界のとんぼ玉』谷一尚、工藤吉郎著　里文出版　1999
『ゴシックとは何か―大聖堂の精神史―』（講談社現代新書）　酒井健著　講談社　2000
『装飾デザイン事典―すぐに使えるヨーロッパ伝統文様』　F・S・マイヤー著 / 毛利登編訳　東京美術　2000
『装飾の神話学』鶴岡真弓著　河出書房新社　2000
『装飾スタイル事典―すぐに使える世界の伝統文様』　A・シュペルツ著 / 毛利登編訳　東京美術　2001
『ヨーロッパの装飾芸術』全３巻　M・A・ヴィセンティーニほか著 / 木島俊介ほか訳　中央公論新社　2001
『ケルト美術』（ちくま学芸文庫）　鶴岡真弓著　筑摩書房　2001
『ケルズの書』B・ミーハン著 / 鶴岡真弓訳　創元社　2002
『イコノロジー研究』上・下（ちくま学芸文庫）　E・パノフスキー著 / 浅野徹ほか訳　筑摩書房　2002
『仮面―そのパワーとメッセージ』佐原真監修 / 勝又洋子編　里文出版　2002
『イギリス庭園の文化史―夢の楽園と癒しの庭園』中山理著　大修館書店　2003
『薔薇のイコノロジー』若桑みどり　青土社　2003
『縞模様の歴史　悪魔の布―』M・パストゥロー著 / 松村恵理、松村剛訳　白水社　2004
『ヨーロッパの出版文化史』戸叶勝也著　朗文堂　2004
『シンボルの遺産』F・ザクスル著 / 松枝到訳　筑摩書房　2005
『キリスト教シンボル事典』（文庫クセジュ）　M・フイエ著　武藤剛史訳　白水社　2006
『タータンチェックの文化史』奥山実紀著　白水社　2007
『ヨーロッパの庭園―美の楽園をめぐる旅』（中公新書）　岩切正介著　中央公論新社　2008
『もっと知りたい ウィリアム・モリスとアーツ＆クラフツ』　藤田治彦著　東京美術　2009
『「装飾」の美術文明史』（新装版）　鶴岡真弓著　NHK 出版　2012

編著

鶴岡真弓（つるおか・まゆみ）

1952年生まれ。早稲田大学大学院修了後、アイルランド、ダブリン大学トリニティカレッジ留学。立命館大学教授を経て、多摩美術大学教授。2012年より多摩美術大学芸術人類学研究所所長。ヨーロッパの基層に横たわるケルト文化、さらに日本に至る「ユーロ＝アジア世界」のデザイン交流史を研究。主著に『ケルト／装飾的思考』『ケルト美術』（ちくま学芸文庫）、『装飾する魂』（平凡社）、『京都異国遺産』（編著・平凡社）、『装飾の神話学』（河出書房新社）、『図説 ケルトの歴史』（共著・河出書房新社）、『阿修羅のジュエリー』（イーストプレス）、『装飾の美術文明史』（NHK出版）、訳書にミーハン著『ケルズの書』（岩波書店）など多数。

［担当頁：巻頭/p2-9, 各章扉, 第1章/p48-49, 第2章/p54-59, 74-75, 84-85, 第3章/p110-111, 第4章/p136-137, 149, 巻末/p150-153］

執筆

磯部直希（いそべ・なおき）

1977年生まれ。立命館大学大学院博士課程後期課程修了。多摩美術大学非常勤講師を経て、現在立命館大学文学部助教。専門は装飾美術論・工芸史。

［担当頁：第1章/p19-21, 30-31, 35, 37-39, 44-47, 51, 第2章/p62-63, 78-79, 82, 92, 94, 第3章/p100-101, 106-107, 114-119, 124-125, 128-129, 第4章/p134-135, 138-140, 142-145, 148］

美馬 弘（みま・ひろし）

1972年生まれ。立命館大学文学部卒業。京都府立大学大学院文学研究科史学専攻博士前期課程修了。専門は系図・有識故実研究。

［担当頁：第1章/p14-17, p22-25, 33, 36,40-41, 50, 第2章/p71, 83, 86, 88-91, 第3章/p122-123, 第4章/p132-133, 146-147］

望月規史（もちづき・のりふみ）

1975年生まれ。奈良大学文学部卒業。立命館大学大学院博士課程後期課程修了。九州国立博物館・文化財課勤務。専門は意匠論・金工史。

［担当頁：第1章/p18, 26-29, 32, 34, 42-43, 第2章/p60-61, 64-70, 72-73, 76-77, 80-81, 87, 93, 95, 96-97, 第3章/p102-105, 108-109, 112-113, 120-121, 126-127, 第4章/p141］

地図・イラスト　小林哲也
校正　株式会社麦秋アートセンター
本文デザイン　柳原デザイン室
カバーデザイン　大澤貞子

すぐわかるヨーロッパの装飾文様
――美と象徴の世界を旅する――

2013年2月10日　初版第1刷発行
2015年11月30日　初版第3刷発行

編　著　鶴岡真弓
発行者　加藤泰夫
発行所　株式会社東京美術
〒170-0011　東京都豊島区池袋本町3-31-15
電話　03-5391-9031　FAX　03-3982-3295
http://www.tokyo-bijutsu.co.jp
編　集　株式会社アルク出版企画
印刷・製本　株式会社シナノ

乱丁・落丁はお取り替えいたします。
定価はカバーに表示しています。

ISBN978-4-8087-0841-2 C0072